トランスナショナル化する世界
―― 経済地理学の視点から

杉浦章介

慶應義塾大学出版会

序　　言

　現代の重要な課題の多くは、国境を超える拡がりと影響力を持つ問題である。地球温暖化やオゾン層の破壊などの地球環境問題や、新型鳥インフルエンザの汎流行問題、そして、世界的金融危機の問題など、1つの国の対応では如何ともしがたい課題ばかりである。問題の発生はきわめて局所的であるにもかかわらず、ひとたび、問題が拡がりをみせると、またたくまに、全地球的規模において伝播し、さらに問題そのものの性質を変質化させ、複雑化させる。

　かつては、ペストやコレラなどの疫病の世界的な伝播には多くの時間を要したが、現在では、交通の利便性の増大や、人やものの国境を超える行き来が激しくなる中で、予想を超える速度で拡散し、脅威を世界中にもたらす。後天性免疫不全症候群（エイズ）の拡散も同様である。また、2007年夏に顕在化した世界的金融危機も、もとはと言えば、アメリカの住宅金融、しかも、サブプライム・ローンとよばれる、住宅ローン全体からすれば一部分でしかない貸付が不良債権化したことに端を発している。しかし、地球環境問題のような生態系の破壊にみられるような長期間にわたるシステムの崩壊過程ではなく、金融危機は瞬く間に連鎖反応を引き起こし、金融システムそのものの崩壊の危機にまで至った。さらに、金融システムの危機は、実体経済にまで波及し、世界的規模における生産や雇用の収縮を引き起こし、世界的不況を招く恐れが大きくなっている。

　金融危機のような問題の場合、地球温暖化とは違って、現在存在している、金融システムをふくむ経済の全体システムの特性に従って、危機は拡散し、伝播しているものとみられる。なぜ、そして、どのように、危機は地球全体に及ぶようになったのか、を考えるとき、重要になってくるのは、結果としてのグローバルな拡がりをもつ危機という点よりも、拡散や伝播を引き起こす、国境を超え、国家の制御をすり抜ける、トランスナショナ

ルな相互作用の力であろう。このようなトランスナショナルな影響力は、交通通信手段の画期的革新によって加速化され、人間活動一般の新たなパラダイムを構成するようになっている。

　本著は、このような「トランスナショナル化する世界」の現実を考えるうえで必要とされる基本的な認識の枠組みの提供を試みるものである。そして、そのような認識の枠組みには、局所的な事象と、それらのグローバルな展開とのつながりを明らかにし、背景となっている空間的スケールの相違を統合化することによって、経済活動の仕組みを理解することを目指す、空間経済論の視点が重要となる。「稀少性の科学」としての経済学と、「地表上における経済活動の偏在と遍在についての学」としての経済地理学との融合によって生まれたのが空間経済論である。そして、2008年度ノーベル経済学賞に輝いたポール・クルーグマンの業績が、この空間経済論は今、何故、必要かつ重要であるのか、を如実に物語っているからである。本著の副題を「経済地理学の視点から」とする所以である。

　以下の各章で取り上げられている問題の多くは、現在進行形の問題であり、決して体系化されたものであるわけではないし、定説が存在しているものでもない。しかし、敢えて、これらの問題を取り上げるのは、本著が問題を提起し、仮説を提供することによって、読者の方々が自ら進んで、これらの問題の理解を一層深めることに挑戦していただきたいからに他ならない。

2009年春

杉浦章介

目　次

序言

第1章　古い神話と新しい現実　1
1　「グローバリゼーション」の3つの波：
　　サグレスからサブプライムまで　1
2　ひとつの町の物語：イタリア・トスカーナの町プラート　10
3　「10億人問題」という難問：グローバリゼーションの影で　15

第2章　変わる世界経済地図：貿易と直接投資　19
1　直接投資（FDI）主導によるトランスナショナル化　19
2　直接投資の実態とその影響　25
3　Transnationality Index にみる国別トランスナショナル化　30

第3章　高度化する国際分業：フラグメンテーション　33
1　「新しい現実」の解明に挑む「空間経済論」の視点　33
2　分業・規模の経済性・集積の利益　36
3　国際分業とフラグメンテーション　39
4　デルコンピュータの躍進の秘密："Direct"戦略　41

第4章　トランスナショナル企業（TNC）の台頭　47
1　トランスナショナル化の背景：
　　Multinational から Transnational へ　47
2　TNC の実態　49
3　トランスナショナル化の目的　53
4　トランスナショナル化の戦略行動　57
5　革新（Innovation）と TNC の展開　58

iii

第5章　デジタル化／モジュラー化／ハイパー・モビリティ　63
 1　「デジタル化」革命とネットワーク化　63
 2　「モジュラー化」のパラダイム　66
 3　ハイパー・モビリティとハイパー・マネー　73
 4　サブプライム・ローンとハイパー・マネーの世界　77

第6章　サービス投入の増大とプロフェッショナル・サービス　85
 1　サービス投入の増大と拡大するサービス貿易　85
 2　オフショア・サービス（オフショアリング）　92
 3　プロフェッショナル・サービスの集積と集中化　96
 4　トランスナショナル法務サービス　99

第7章　市場／国家／都市　107
 1　「グローバル」都市の台頭　107
 2　国家の退場と再登場　113
 3　国の競争力と市場化原理　116
 4　再帰性と共時性：「ソロスの警告」　120

終章　トランスナショナル化する世界の行方　123
 1　古い現実と新しい神話　123
 2　オウルの奇跡：フィンランドの豊かさの秘密　128
 3　空間経済システムの再設計をめざして　132
 4　エピローグ：「七つの海・七つの空」　134

 引用文献・参考文献一覧　137
 索引　147

第1章
古い神話と新しい現実

1 「グローバリゼーション」の3つの波：サグレスからサブプライムまで

（1）海の帝国による「グローバリゼーション」（第1期）

　サグレス岬の要塞

　ポルトガルの南西端、大西洋に突き出たサンヴィセンテ岬から南へ僅かの距離に、周囲をほぼ海に囲まれた「最果ての地」とも形容すべき岬がある。サグレス岬である。（図1-1、図1-2）海面からは数十メートルも屹立する岬にはほとんど植生らしきものは見当たらない。あるのは岩だけである。断崖の下には大西洋からの荒波が砕け、崖上の岩地には、時として大人ですら立っていられぬほどの強風が一日中、海から吹きつけている。日中の強い日差しと海からの照り返しによって昼の岬の地は光に満ち、夜には頭上の満天の星の光を遮るものは何も無い。白亜の灯台と、古い小さな礼拝堂や崩れ落ちた石積みの城壁がなければ、人の気配すら感じられぬほどである。しかし、この地にはもと、海に突き出たサグレス要塞が、大西洋が地中海へと続く海を見下ろしていた。

　この周囲2キロメートルほどの荒れ果てた要塞の地こそ、今日に至る「グローバリゼーション」の起点である。ここには、15世紀に、エンリケ航海王子によって「航海術学校」が建てられていた、という伝説がある。今でも、岩地の上には、直径40メートルを越える風向盤の円盤形跡が残されている。その昔にはいくつもの学寮や訓練施設があり、エンリケ王子によって集められた天文学者や地理学者たちによって、これまでにない新

第1章 古い神話と新しい現実

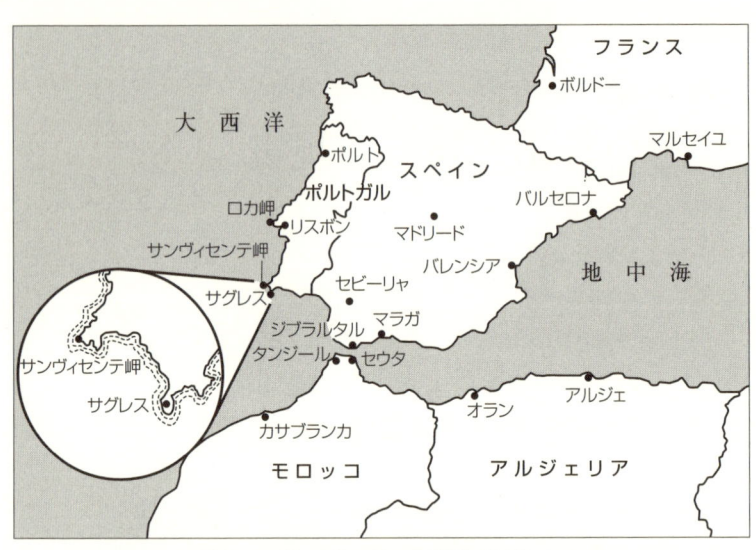

図1-1 サンヴィサンテ岬とサグレス

出典：アルガルベ地方政府観光局観光案内
図1-2 サグレス岬

しい航海術の開発研究と訓練が行われていたと信じられてきた。

　伝説の真偽は別として、このサグレスで訓練された船乗りたちが、大西洋へ、そしてやがて、インド洋や太平洋へと帆船を駆って乗り出していった。大航海時代の幕開けである。ポルトガルは、優れた航海術によって、

世界初の海路のネットワーク帝国となり、東アフリカのモザンビーク、インドのゴア、マレー半島のマラッカ、明代中国のマカオなどの海外拠点と、本国のリスボン（サグレス要塞から僅か150キロメートル程北に位置する）やポルトとの間の直接貿易によって、莫大な富を蓄積することができた。地中海の西端に位置するイベリア半島のポルトガル（と後のスペイン）は、それまでのオリエントとの独占的な交易によって富を得ていた地中海の商人達に取って代わり、ヨーロッパにおける「地中海世界」に幕を下ろしたともいえる。

また、日本に最初にやってきた西洋の船は種子島に漂着したポルトガル船であり、それがもたらした鉄砲などの優れた技術は、安土桃山時代を生み出す力の1つとなった。また、天正少年使節の一行がヨーロッパの地に最初に上陸したのはポルトガルのリスボンの波止場であった。

海の覇権の争奪

しかし、ポルトガルの海上の覇権は程なくスペインによって取って代わられることになる。スペインは南北アメリカ大陸やカリブ海に拠点を築き、銀鉱山の開発と貿易によって、瞬く間にポルトガルを凌駕する富を蓄積し、西回りによってアジアに進出し、現在のフィリピンのマニラをアジアの拠点とした。スペインはその富を基盤に、グローバルな経済利権を守るために強大な軍事力を構築したが、このスペインの覇権に対して挑んだのが、ヨーロッパの北の新興勢力であるオランダやイギリスであった。こうした新興勢力を殲滅するために、スペインの無敵艦隊は、ポルトガルのリスボン港（王位継承争いの結果、スペインはポルトガルを併合）を出港し大西洋を北上した。結果は、スペイン無敵艦隊の壊滅的敗北に終わった。

ポルトガルやスペインの海路ネットワーク帝国に取って代わった、北ヨーロッパの新興勢力には、オランダ、フランス、イギリスがあったが、これらの諸国もまた、羅針盤などの航海技術や巨大帆船建造技術、そして銃や大砲などの火器兵器技術の優越性によって、海外の戦略拠点ネットワークを構築し、通常の貿易とともに略奪的経済進出によって膨大な富を

本国にもたらした点において、先行したポルトガルやスペインと基本的に同じであり、この時期のグローバリゼーションとは、商業資本を背景とする未だ「点と線」によるネットワークの形成であった。しかし、この時期には、世界が否応なく1つの関連付けられたシステムとなったことによって、グローバリゼーションの第1期として位置づけられる。

（2）産業革命がもたらした帝国主義的「グローバリゼーション」（第2期）

線から面へ

海路のネットワークによってもたらされたグローバリゼーションの性格は、18世紀後半からイギリスに始まる「産業革命」によって、一変する。産業革命による生産力の飛躍的増大は、一方において生産に投入する資源の大量獲得を必要とし、他方において、生産された生産物の販路としての巨大市場を不可欠なものとした。そして、産業革命の担い手である新興工業地域と、原料などの資源の獲得される地域、さらには、生産物の市場とを結ぶ交通通信ネットワークの構築が、当時の先端技術によって行われた。鉄道の建設や汽船の建造、郵便制度や電信ネットワークの整備がこれにあたる。世界初の電信技術の商業的利用は、ロンドンとパリの証券取引所の間に敷設されたのもそのためである。

こうした先端技術の応用だけにとどまらず、グローバリゼーションは、「点と線」のネットワークの構築競争から、「面的」な領域支配へと転じてゆく。グローバリゼーションは、列強各国による植民地獲得競争と植民地経営を意味するようになり、列強による世界分割による経済・軍事的収奪システムの構築に至る。世界の貿易は、植民地と本国の間の貿易、そして、列強各国間の貿易の2種類に大別されるようになる。

19世紀の末、海底ケーブルの敷設によって電信ケーブル（当時の先端情報技術の粋であった）のグローバルネットワークが構築されたが、このネットワークは、ロンドンを中心とする、大英帝国の各植民地を結ぶものであったことは決して偶然ではない。図1－3は、1880年代にイギリスによ

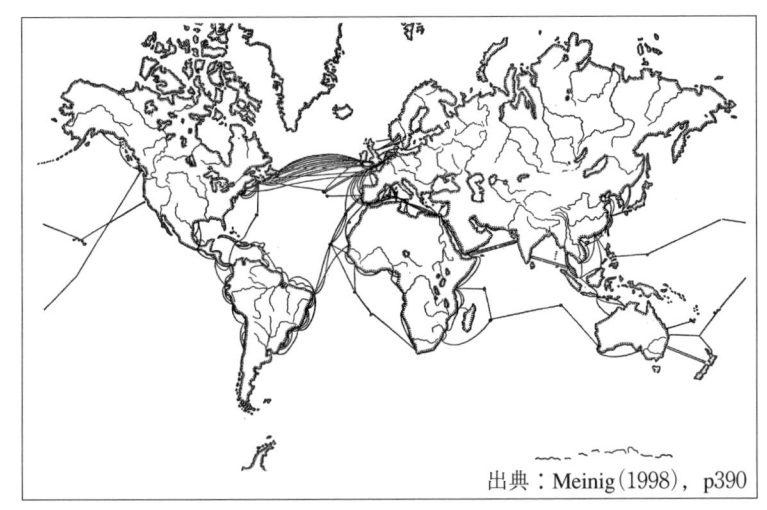

図1-3 イギリスの海底ケーブルネットワーク

出典：Meinig(1998)、p390

って敷設されたグローバルな海底ケーブルネットワークを表わしている。このネットワークで最も稠密なのは、大英帝国の帝都ロンドンと、ニューヨークなどの北アメリカ東海岸の主要都市を結ぶ海底ケーブルであることが分かるが、この時期にイギリスが最も重要な投資先としていたのは、インド亜大陸と並んで北アメリカであったことによる。

また、このシステム全体をみると、当時の主要でしかも戦略的に重要なイギリス領植民地の拠点を結ぶものであるだけではなく、極めて戦略的に構築されていることが見て取れる。ロンドンからインドを始めとするアジア地域へのネットワークは、スエズ経由のものと、アフリカ大陸南端の南アフリカ経由の2つのルートが並存し、相互に補完的関係のものであった。また、北アメリカ大陸からアジア・オセアニア地域へと結ぶ回線は、ハワイ経由のものとともに、ニュージーランドとオーストラリアへと直接つながる別々のルートが確保されていた。このようなシステムの冗長性（Redundancy）は、有事の際の情報収集活動に不可欠のものであり、平時においても世界情勢の分析に威力を発揮したものと考えられる。

この周到にして比類なき情報ネットワーク・システムに依存する国や地域は世界中に拡がっていたが、当時の新興勢力であったアメリカは、その

安全保障上、このネットワークにのみ依存する情報収集活動に懸念を抱き始めていた。とりわけ、アメリカ海軍には、こうした懸念が根強く、やがて、20世紀にはいると、海底ケーブルという有線の電信システムに対抗すべく、アメリカは、グローバルな無線ネットワークの構築に取り掛かるようになる。

　この期のグローバリゼーションを担ったのは、第1期のような商業資本ではなく、産業革命によって台頭した産業資本や、さらには、グローバルな規模における植民地経営の進展に伴なって成長する金融資本であった。この第2期が形成される過程の只中で、日本では徳川幕府が開国を迫られ、やがて、明治維新となる。しかし、この帝国主義・植民地主義のグローバリゼーションは、20世紀にはいると2度の世界大戦によりシステム崩壊とシステム再編を迫られるようになる。

（3）市場化原理による「グローバリゼーション」（第3期）
　貿易の自由化から資本の自由化へ
　第2次世界大戦のもたらした惨事から得られる教訓として、植民地を有する国々が世界恐慌とそれに続く不況の嵐の中で次々とブロック経済化し、国際貿易による相互依存性が失われていったことが戦争の勃発の要因の1つであると考えられるようになった。そこで、戦後世界の基本設計の1つとして、ブレトンウッズ体制による世界経済の安定と成長、そして、世界貿易の拡大が目指されることとなった。このブレトンウッズ体制を支える機関として、国際復興開発銀行（いわゆる世界銀行：World Bank）と国際通貨基金（International Monetary Fund：IMF）が設立され、戦後の世界経済の「舵取り」を行ってゆくことになる。

　戦後の復興期を経て、1960年代になると先進国の集まりである経済協力開発機構（OECD）では、貿易の自由化のみならず、資本の自由化を促進する方針が取り決められた。戦後の1950年代や60年代においても、グローバルな規模で活動する企業は少なくなかったが、それらの典型的な例

は、石油メジャーや食糧メジャーなどの多国籍企業（Multinational Enterprises：MNEs）で、中心はアメリカ企業であった。資本の自由化とは、自国外への投資の自由化と自国内への外国からの投資の自由化を意味するものであり、自由化を制約している各国の制度的障壁を漸次、撤廃することであった。事実上、唯一の戦勝国であったアメリカ合衆国を軸に、グローバル経済システムを再編するという課題の中で、世界経済の成長と安定には、旧植民地経済の自立化と自由な貿易の拡大が必要と考えられるようになった。戦後復興から高度成長へと移った日本もまた、1960年代の後半に、こうした貿易の自由化と資本の自由化という「第2の開国」を迫られることとなった。

ところで、1960年代までの多国籍企業の多くは鉄鋼石や銅鉱石などの鉱物資源や、石油などのエネルギー資源、更には食糧などの第1次産品に関連するもので、企業活動のグローバル化といっても、産業革命以降の第2期のグローバリゼーションのシステムの現代版とも考えられるものであった。しかし、投資の自由化は、製造業を初めとする第2次産業や、多様なサービス産業などを含む第3次産業の海外進出やグローバルな展開を促すものであった。それは、OECD加盟国間の投資の自由化のみならず、発展途上国に対する投資の自由化を促すものでもあった。発展途上国の経済発展に決定的に不足していたものは、資本と技術であり、経済成長を願う途上国では援助とならんで、雇用を創出し、最新の技術を呼び込み、産業の近代化を促す、外国からの投資を積極的に受け入れるようになる。ここに、経済的自由化と市場化を主軸とする新たなグローバリゼーションの波（第3期）が押し寄せることになる。

3つの革新：交通通信革命・規制緩和・金融革命
　交通通信革命
　　この第3期のグローバリゼーションを特徴付ける基本的要因には、次の3つの革新があるものと考えられる。その第1は、1970年代からの交通通信技術革命である。交通の面では、大型航空機の利用が旅客のみならず貨

物輸送においても拡大し、時間の短縮化と輸送コストの大幅な低減化が起こるようになり、海上輸送に関してもタンカーなどの大型専用船やコンテナ船が就航するようになる。陸送においても、高速道路網の整備とともに自動車の普及とトラック輸送の効率化が進み、併せて、港湾施設の機械化や自動化が行われることによって、陸から海へ、陸から空への異なる輸送モード間のモーダル・シフトの合理化が進んだ。その結果、輸送における効率化とコスト削減がもたらされるようになる。

　一方、1960年代から始まったコンピュータの利用は、70年代に入ると半導体の性能と生産コストの改善により、飛躍的に増大し、さらに小型化と性能向上によってパソコンが生産現場や販売現場にも普及するようになった。通信という点では、80年代から利用されるようになったインターネットによる情報通信は、電話やファックスの利用を超えるような革命的変化をもたらした。インターネット通信の普及により、通信コストは事実上、無視できるほどに小さなものとなった。

　こうした交通と通信の領域における革新は、それまでの経済活動を制約していた時間空間的制約条件を大幅に変更し、いわゆる、「空間の圧縮」とよばれる現象を引き起こすことになる。

規制緩和と民営化

　しかし、地理的空間における制約条件の変更は、このような交通通信の技術革新によってのみ引き起こされたのではない。それには、世界各国における制度変革と自由化という制度面での変化という第2の革新がある。1970年代後半から始まる、先進諸国内における制度改革は、古い制度が新しい技術や経営の可能性を阻んでいる、という認識から生まれ、肥大化した公経済部門の縮小と、現実に適合しなくなっている規制の撤廃や緩和を行い、「市場化」を促すことによって、「市場で決めるものは市場に任す（市場主義）」、「大きな政府から小さな政府へ（民営化と脱福祉国家）」という政策を断行するというものであった。公営企業の民営化や、企業活動を制約している規制の緩和などが、貿易の自由化や資本の自由化とともに議論され、実行された。こうした民営化や規制緩和は、先進国間における貿

易や投資を促しただけではなく、途上国を巻き込んだグローバルな動きとなってゆく。

世界の多くの国では、鉄道、郵便、電信電話などの基本的な交通通信インフラ事業は、国営事業として営まれてきたが、このような民営化と規制緩和の動きのなかで、次々と民営化されていった。日本では、日本国有鉄道（国鉄）がJRへ、日本電信電話公社がNTTへと民営化され、ドイツのドイツ郵便は、現在、世界有数の物流企業へと転身した。

金融革命

そして、新しいグローバリゼーションの動きを決定付けたのが、第3の革新としての金融革命である。1980年代にはいると、先ず、ロンドンの金融街シティから始まる「金融ビッグバン」によって、金融取引の規制が大幅に緩和されるとともに、最新の情報技術を駆使した新たな金融技術が導入された。株式や社債の発行は、発行する企業の全体的な信用力をもとに資金を調達する方法であるのに対して、その企業が保有する特定の資産を担保とする証券を発行することによって資金を調達する手段を「証券化（Securitization）」というが、この証券化という金融技術もこの時期に急速に採用されるようになった。また、金融派生商品（デリバティブ：Derivatives）もこの時期から活発に取引されるようになる。そして、資本市場の整備が進展し、発行市場とともに、流通市場も急速に整備されていった。

貿易の拡大や資本自由化に伴なう直接投資の急拡大をうけて、グローバルな規模における資金の需要と供給が、グローバルな金融市場で調整されるようになる。これまでの、各国内における銀行融資を中心とする間接金融方式から、グローバルな金融市場での資金の調達という直接金融方式へと企業金融における資金調達の方法は大転換を遂げる。こうした中で、世界中の投資家から集めた資金を高利回りで運用するヘッジ・ファンド（Hedge Funds）や、投資銀行（Investment Banks）が金融革命の寵児として台頭してゆく。

時空間の再編とグローバリゼーションの陥穽

　今日、グローバリゼーションというと、通常、この第3期の動向のことを指しているが、現在起こっている変化の内容とそれらが持っている意味を理解する上には、第1期以降の歴史的位置付けと並んで、地球規模における人間の諸活動の地理的再編が進行していることを理解することが重要である。しかし、現在進行中の新たなグローバリゼーションの動きは、その只中に身を置くものには中々その本質を見分けることは難しいものである。しかし、2007年春以降のいわゆる「サブプライム・ローン」問題に端を発する世界金融危機は、2008年末には、実体経済にまで波及し、長期に及ぶしかもグローバルな不況の到来が懸念されているが、この金融危機の勃発とその激震の伝播の過程そのものが、第3期グローバリゼーションの本質を端無くも露呈するものであったとみられる。第2章以下の各章では、その本質について考えてゆくことにする。

2　ひとつの町の物語：イタリア・トスカーナの町プラート

「聖帯伝説」と毛織物産業の町

　イタリア中部のトスカーナ地方は、古くは古代ローマ帝国時代から多くの都市国家が形成され、長閑な田園風景やワインや果物などの農産物によって知られてきた。しかし、このトスカーナ地方が歴史上の重要な地方として登場するのは、15世紀における都市国家フィレンツェの台頭によってであり、フィレンツェに始まるとされるイタリア・ルネサンスの中心的地域であったことによる。

　フィレンツェの繁栄は当初、その毛織物工業によってもたらされたが、その後、都市国家フィレンツェの実権を握ったメディチ家による、西ヨーロッパ各地の王侯貴族を相手とする金融業によってであった。未曾有の繁栄によって、強大な軍事力をもつとともに、ローマ教会にも影響力を及ぼし、イタリア各地からの芸術家のパトロンになり、ルネサンスの華を咲かせる。

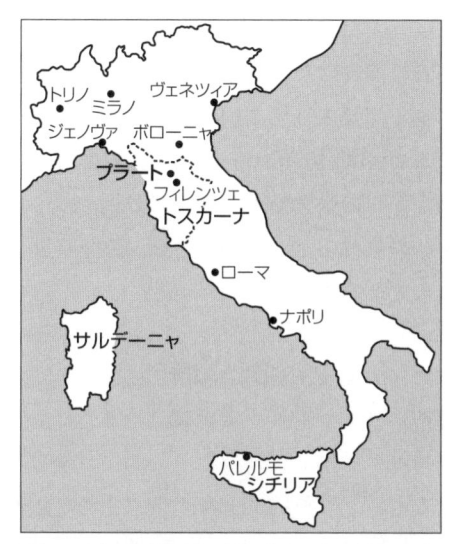

図1-4 トスカーナの町プラート（Prato）

　このフィレンツェの町から北西に約15キロメートルも離れていない近郊に、プラート（Prato）の町がある（図1-4）。プラートは遠くローマ時代にまで遡る起源があり、古くから毛織物工業が栄えるとともに、聖母マリアの昇天に際して聖母によって残されたと伝えられる聖母の帯についての「聖帯伝説」によって知られる町でもある。14世紀には、信仰と美術とを融合する町となり、初期ルネサンスを代表する画家で、その後、イタリア・ルネサンスの清華の1人であるボッティチェッリにも影響を与えたと言われる、フィリッポ・リッピの作品も多く残される由緒ある小都市である。近隣の強大なフィレンツェによって侵略を度々受けることもあったが、同時に、フィレンツェのルネサンスにも大きな影響を与えたことは確実である。

ヨーロッパで最も中国化した町

　このトスカーナの歴史的小都市プラートに近年、大きな異変が起きている。市の人口は20万人にも満たないが、中国からの移民労働者とその家族は、不法滞在者も含めると3万5000人にも上り、「ヨーロッパで最も中

国化した町」とよばれるほどになっている。20年前には、僅か40人程であった中国移民が瞬く間に膨れ上がったのである。それらの中国移民の大半は、市内のアパレル関係の縫製工場で働いている。こうした中国移民からの本国への送金額は年間16億ユーロ（約2000億円）を上回るものとみられており、一都市からの送金額としてはEU圏内でも最大級である。イタリア・ルネサンスの故郷の1つであり、田園風景に囲まれた小都市に一体、何が起こったのであろうか。

　トスカーナを初め、中部イタリアの諸州には職人らが中心となる小規模零細の特産品の製造が盛んであり、繊維製品や革製品、木工製品やガラス製品などの産地経済を形成してきたが、その中には世界的ブランドとなっているものも少なくない。プラートも、中世以来の毛織物産地として知られてきたが、ルネサンス以降、ヨーロッパの繁栄が、地中海世界から大西洋に臨む諸国へと移る第1期グローバリゼーションの影響はさほど大きなものではなかった。大きな変化が訪れるのは第2次世界大戦後のことである。敗戦国イタリアの古い毛織物産地では古着を原料とする中低級繊維製品の生産が細々と行われている程度であったが、戦後にナイロンを初めとする化学繊維が量産されるようになると、瞬く間に競争力を失い、1950年代から60年代にかけて繊維産業では企業倒産が相次いだ。倒産した企業は解雇された従業員に未払い賃金の代わりに工場にあった中古の機械設備を放出したところも少なくなかった。その結果、プラートの繊維産業は、零細家内工業が主流となっていたったが、60年代に入るとアパレル界に大きな変化が生まれる。

　衰退から再生へ
　それまでのファッションをリードしてきたのは、オートクチュールを中心とするパリのファッションであった。しかし、60年代には、ピエール・カルダンやイヴ・サンローランなどの若手の気鋭がこれまでのファッション感覚とはことなる新しい波を起こし始め、高級品でクラシックなデザインを中心とするパリ・オートクチュール界に新風を吹き込む。そして、新

しく登場し脚光を浴びたのがイタリアン・ファッションであった。鮮やかな色彩、大胆なカット、そして何よりも手頃な値段であった。戦後の復興から経済成長へと転じたヨーロッパ各国において、このイタリアン・ファッションは大流行となり、人気を博しただけではなく、当時の最大の消費大国アメリカでも需要は膨れ上がった。このイタリアン・ファッションのブームは、繊維の町プラートを、「停滞した職人の町」から「流行のアパレルの町」へと変貌させた。

　婦人服を中心とするアパレル生産には、ファッション性のために、多品種少量生産を行うことが求められたが、プラートには非常に多数の小規模零細な職人の家内工業の基盤が存在していた。しかも、労働賃金は、諸外国のファッション性の高いアパレル生産地に比べて格段に低く、価格競争力は強かった。問題は、いかに素早く、市場性の高い流行のデザインを取り入れるかであった。プラートには最新のファッション情報に通じ、小規模零細な生産者を工程ごとに組織化するオーガナイザー（インパナトーレ）が多数存在し、新しい風を呼び込む活躍をしたことによって、プラートは、最新流行のアパレルのブランド品生産の町へと変貌し、1970年代、80年代に活況を呈した。西ヨーロッパはもとより、北アメリカや遠く日本へまで、イタリアン・ファッションは人気ブランドとして輸出されていった。その当時、市内には約1万2000社の繊維関係の企業があり、就業者数は5万人にものぼった。この数字からも分かるとおり、1社平均4人という中小零細企業が、第3期グローバリゼーションの波に乗っていたのである。このような、専業化した多数の中小零細企業が、特定の地域に集中し、相互に補完しあいながら協業によって、多品種少量生産を行うことを「伸縮的専業化（Flexible Specialization）」とよぶ。1980年代にはトスカーナだけではなく、世界各地において、市場性の高い製品を伸縮的専業化によって生産することが試みられ、それまでの大量生産方式に取って代わる生産方式として注目された。

2　ひとつの町の物語：イタリア・トスカーナの町プラート

グローバリゼーションの波

しかし、第3期のグローバリゼーションの波は、90年代に入るとプラートの繁栄の足元を揺るがすようになる。1990年代に7万人にも達したプラートの繊維関連産業就業者は、この10年余りの間に半減に近く減少した。かつては競争優位性の要因の1つであった労働賃金の低さは、世界市場への中国やインド、そして中南米諸国の参入によって、瞬く間に消え去っていった。繊維産業のような、相対的にロー・テクノロジー（低技術）の分野では、途上国のキャッチアップは時間の問題である。しかし、キャッチアップが困難なのはブランド性の獲得である。早くから、プラダなどのブランド製品を手がけてきたプラートは、生産コスト面での競争力を失っても、高級ファッションブランド製品の製造という点での競争力は失ってはいなかった。

中低級製品の製造に従事していた多くのアパレル企業が撤退する中で、放置された工場設備を買い取り、地場の産業集積を活用してブランド品の下請け生産に取り組んだのが中国からの零細企業家とその従業員からなる移民である。主として、華南の温州出身者が多数を占めていた。温州は長く中小零細企業の集積の地である。そして、このような移民は、この20年間で4万人近くにも達する勢いで、イタリアの繊維産業生産を下支えしている。イギリス、フランス、ドイツといったヨーロッパの主要工業国における繊維産業生産額や就業者数が激減する中で、イタリアだけは、グローバリゼーションの波にも拘らず繊維産業を維持できている要因の1つが新たな起業家と労働力としての移民の流入である。

しかし、「聖帯伝説」の町には、新たな問題も生じている。1つには、急激な移民の流入に伴う問題であり、不法滞在・残留者の増大の問題である。しかし、それ以上に第3期グローバリゼーションに深く関わる新たな問題として、知的財産権の侵害にあたる偽ブランド品の生産、そして、莫大な本国送金の影にある租税回避の問題などが、ブランドの町プラートを悩ますものとして顕在化しつつある。

3 「10億人問題」という難問：グローバリゼーションの影で

　前述のプラートの町の物語からも分かるように、グローバリゼーションとは決して、いわゆる「グローバル企業」と呼ばれるような巨大企業だけの問題ではなく、極々小さな町にも押し寄せている変化の波である。情報や交通のグローバル化だけではなく、資金の移動や労働力の移動が、これまでにないスピードと拡がりを持って個々の地域や町に影響を及ぼしている。また、ブランドのような知的財産権に関わる無形財とよばれる価値が重要なものとなってきていることもグローバリゼーションの結果である。さらには、脱税（Tax Evasion）や移転価格操作（Transfer Pricing Manipulation）などの租税回避（Tax Avoidance）もまた、グローバリゼーションの進展とともに深刻な問題となっている。そして、このような財産権や徴税権に関わる問題は、それらを管掌する国家の権能や役割を大きく変容させようとさえしている。しかし同時に、2008年に一気に深刻化を見せた世界金融危機において、金融市場の混乱と極度の信用収縮に対応する為には、市場以外の最終的な拠り所もまた必要不可欠であることが明らかになりつつある。市場は、市場の失敗を自らのメカニズムでは除去、浄化できない、ということが判明したのである。

　「グローバリゼーション」の進展には、自由な意思決定者が多数参加する市場による裁定と決定が不可欠であるとして、市場の持つ調整機能を重視する、「市場主義」が唱導されることが少なくない。しかし、それらの多くが、短期的な私的利益の追求の自己正当化の面もあることも否定できない。そのような背景の中で、多くの場合、「グローバリゼーション」ということがどのような現象のことを意味し、その背後にはどのようなメカニズムや問題が潜んでいるのかを明らかにすることは必ずしも十分であるとはいえない。多くの経済学者たちは、市場は万能ではないが、市場に取って代わるようなものはない、と説明するが、それでは、これまでの市場による裁定に服すべきであるという主張のどこが不十分であったのか、という点になると判然としないままに終わっている。

そこで、以下の各章は、経済地理的な視点に立って、「グローバリゼーション」とよばれているものの成り立ち、その本質についての理解を深めることとしたい。そして、最後に、「グローバリゼーション」の議論の射程外に置かれている重要な課題を指摘して本章を結ぶこととする。

「経済地理の再構築」（Reshaping Economic Geography）
　世界銀行の『世界開発報告：年次報告2009年版（World Development Report 2009; World Bank）』によれば、今日の開発問題における最大の挑戦は、10億人問題にいかに取り組むのか、であるとしている。この10億人問題とは、
① 世界の発展途上国の都市スラムの居住人口は10億人に達する。
② グローバル化の及ばないような遠隔の地域に住む人口は10億人に及ぶ。
③ 世界の最貧国の人口は10億人を超える。
の3つであり、いわゆる「グローバリゼーション」がもたらす発展の機会や、変化や変革のもたらす物質的繁栄から隔絶されている人々の数は、少なくとも10億人にも及んでいる。そればかりか、そうした人口は時間とともに増大こそすれ、減少する傾向はない。
　また、別の報告によれば、世界人口の約半分の40億人は1日2ドル（200円）以下の生活水準であり、さらに、そのまた半分の20億人は1日1ドル以下の生活をおくっているとされる。中国やインドの目覚ましい経済成長の陰に隠れて、中国やインドにもこうした世界の最貧層人口は億単位でいまだに存在しているのも事実である。
　さらに、国連食糧農業機関（FAO）の報告によれば、2008年における世界の飢餓人口は、2007年より4000万人増加して、9億6300万人に達するものとみられるとのことである。世界的不況の深刻化や穀物価格の上昇などにより、飢餓人口が10億人に達するのは、もはや時間の問題であると考えられている。しかも、飢餓人口は地理的に集中化がみられ、アジアとアフリカを中心に、中国、インド、コンゴ民主共和国（旧ザイール）などの飢餓人口最多国7カ国だけで、飢餓に直面する人口は6億5000万人以

上にも及ぶものと推計されている。

　このような事実は、グローバリゼーションといわれていることが決して、全地球的な規模における経済機会の拡大を意味するものではないことを如実に示しているばかりか、繁栄の陰における貧困の問題が重大性を増していることを示している。それ以上に、いわゆる「グローバリゼーション」の急速な進展が、少なくともこうした「10億人問題」の深刻化に関わりをもつのではないか、という疑念を拭い去ることは難しい。
　先にも掲げた『世界開発報告』は、こうした現実を直視し、その解決に取り組むべく、「経済地理の再構築」の必要を訴えている。この要請にこたえるためには、現在、起こっている経済地理の変化を、「グローバリゼーション」としてではなく、「トランスナショナル化する世界」として捉え、その実態を少しでも明らかにすることが、まず求められているといえよう。

第2章
変わる世界経済地図：貿易と直接投資

1　直接投資（FDI）主導によるトランスナショナル化

（1）　生産・貿易・直接投資（FDI）
　第3期グローバリゼーションへの動き
　第2次世界大戦が終了した時、唯一の戦勝国ともいえるアメリカ合衆国は、世界の工業生産の40％以上を占める超経済大国であった。また、その後40年以上にも及ぶアメリカとソ連邦の2大国による冷戦の過程の中で、西側の資本主義各国は戦後の経済成長によって国内総生産（GDP）を増大させ、先進資本主義国間における貿易も飛躍的に増大した。また、ヨーロッパ連合（EU）は、地域経済統合を推し進めながら、現在、5億人の経済圏を目指して拡大を続けており、その通貨ユーロはアメリカのドルについで国際決済通貨としての地位を獲得しつつある。一方、冷戦の終結と中国の改革開放政策の推進によって、東アジアと、アセアン諸国の東南アジア地域の経済成長には著しいものがある。
　1985年の世界全体のGDP総額に占める、アメリカ、ヨーロッパそして日本のGPDの割合は約70％であったが、2007年には、60％強まで低下してきている。世界全体の生産が拡大し、先進国もGDPを増加させているにもかかわらず、このような相対的割合の変化の背後には、東アジア、東南アジア、インド、ブラジル、ロシアなどの新興経済諸国の経済的台頭がある。
　東西問題と南北問題の両座標が交差する中に戦後の世界経済地図は描かれてきたが、1980年代以降の世界経済における変化は、この地図ではナ

ヴィゲートすることが困難なような未知の領域が急速に拡がり始め、第3期グローバリゼーションともいうべき様相を呈している。

相互依存性を強める世界経済における不等式

1945年から現在に至る、世界経済地図の変化を見るときに、まず、抑えておくべき事柄は、人口、生産、貿易、投資の長期的動向である。戦後の復興期を経た1960年代以降の世界の基本動向をみると、第1に、人口の増加率よりも大きな増加率で、生産の増大がみられたこと、第2に、生産の増加率よりも大きな増加率で、世界の貿易が拡大してきたこと、第3に、世界貿易の拡大より、速いペースで、直接投資が拡大を続けてきたこと、そして、第4に、これらの傾向は、1980年代以降、一貫してみられるもので、第3期グローバリゼーションの特色を表すものであることがいえる。つまり、

人口の増加率＜生産の増加率＜貿易の増加率＜直接投資の増加率

という関係が成り立っている、ということである。以下では、直接投資（Foreign Direct Investments: FDI）のことを、Inflow FDI（対内直接投資）、Outflow FDI（対外直接投資）と分けてよび、前者を単に、対内、後者を単に、対外、と略すことにする。また、直接投資とは、自国以外で、現地法人を設立して企業活動を営むことや、経営権の取得や役員派遣を念頭に、自国以外の企業の株式を取得することを指す。企業合併や企業買収（Mergers and Acquisitions: M&A）などはこれに該当する。銀行などによる融資や、配当や値上がりを期待し、経営権の取得を目指すものではない株式取得などは直接投資には含まれない。

数字で見る変化の推移

表2-1の生産（GDP総額）、貿易（輸出総額）、直接投資（対内総額と対外総額）の項目をみると、2007年のUSドル換算で、各国のGDP総額は、1982年には、12兆830億ドルであったものが、2007年には、54兆5680

表2-1 直接投資と生産の指標 (1982 - 2007)

項目	Value at current prices (単位10億ドル：2007年換算)			
	1982	1990	2006	2007
FDI inflows	58	207	1411	1833
FDI outflows	27	239	1323	1997
FDI inward stock	789	1941	12470	15211
FDI outward stock	579	1785	12756	15602
Income on inward FDI	44	74	950	1128
Income on outward FDI	46	120	1038	1220
Cross-border M&As[a]	..	200	1118	1637
Sales of foreign affiliates	2741	6126	25844[c]	31197[c]
Gross product of foreign affiliates	676	1501	5049[d]	6029[d]
Total assets of foreign affiliates	2206	6036	55818[e]	68716[e]
Export of foreign affiliates	688	1523	4950[f]	5714[f]
Employment of foreign affiliates (thousands)	21524	25103	70003[g]	81615[g]
GDP (in current prices)	12083	22163	48925	54568[h]
Gross fixed capital formation	2798	5102	10922	12356
Royalties and licence fee receipts	9	29	142	164
Exports of goods and non-factor services	2395	4417	14848	17138

出典：World Investment Report 2008, p10

億ドルに増大している。この25年間に、4.5倍になった。

次に、貿易の増大についてみてみると、1982年における輸出総額は、2兆3950億ドルであったものが、2007年には、17兆1380億ドルに増大している。この間の増加は、7.2倍となる。

直接投資についてみると、各年次のフローベースでは、1982年には、対内直接投資580億ドル、対外270億ドルであった。2007年になると、対内1兆8330億ドル、対外1兆9970億ドルとなり、この25年間で、直接投資のフローは、対内では、31.6倍に、対外では、74.0倍の高率で増加を続けている。

こうした数字から単純に考えれば、人口の増加率よりも生産の増加率が上回っているのであれば、1人当たりの生産額は増加していることになり、生産の増加率よりも、貿易の伸びの方が高ければ、貿易による各国経済間の相互依存性はますます強化され、さらに、それを上回るペースで投資が行われているのであれば、生産と貿易は今後も拡大を続けることができる

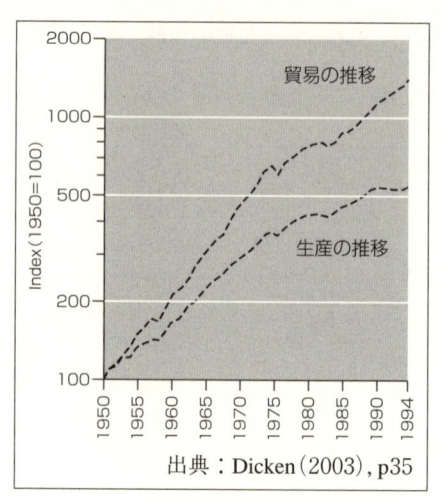

図2-1 世界の生産と貿易の推移

こととなるはずである。しかし、現実は必ずしもそのようにはなっていない。それは、成長の実績には、産業部門間や地域間における偏りがみられるためであり、決して世界均一に拡大しているわけではないからである。

（2） 世界貿易における構造変化

発展途上国が下支えする貿易

過去半世紀間における世界貿易の拡大の模様を表わしているのが図2-1である。この図で注意しなければならないのは、縦軸の目盛が対数表示となっていることで、実数ベースでは急激に拡大していることが読み取れる。さらに、貿易の伸び率が、世界の生産の伸び率を上回っていることと、その傾向は1980年代以降、加速していることである。

近年の世界貿易の動向（2003年から2007年）を表わしているのが、表2-2であり、2003年には、財の貿易（輸出ベース）は、年間7兆4860億ドルであったが、2007年には、約1.8倍の13兆7600億ドルに達している。年率の増加率は、多少の変動はあるが、年率で6%から12%と高率の伸びを示している。（実質伸び率＝名目伸び率－輸出価格伸び率、とする）同期間の世界の実質GDPの伸び率が4～5%であった点や、表にも示されてい

表 2-2　世界貿易関連指標

	単位	2003年	2004年	2005年	2006年	2007年
世界の商品貿易（輸出ベース）	10億ドル	7,486	9,092	10,388	12,006	13,760
名目伸び率	%	16.3	21.4	14.3	15.6	15.0
実質伸び率	%	6.2	12.6	9.2	10.5	5.6
輸出価格伸び率	%	10.1	8.9	5.0	5.1	9.4
世界のサービス貿易	10億ドル	1,833	2,210	2,469	2,766	3,257
伸び率	%	14.7	20.6	11.7	12.0	17.8
世界の実質GDP成長率	%	3.6	4.9	4.4	5.0	4.9
鉱工業生産指数伸び率（先進23カ国）	%	1.3	3.0	1.8	3.7	2.5

出典：『ジェトロ貿易投資白書』p7

表 2-3　世界の貿易；輸出・輸入ランキング

輸出		伸び率	輸入		伸び率
1 ドイツ	1,328	19.7%	1 アメリカ	1,957	5.6%
2 中国	1,218	25.7%	2 ドイツ	1,060	16.7%
3 アメリカ	1,162	12.1%	3 中国	956	20.7%
4 日本	713	10.1%	4 イギリス	636	12.3%
5 フランス	554	11.7%	5 日本	621	7.2%
6 オランダ	552	19.0%	6 フランス	615	13.6%
7 イタリア	492	18.0%	7 イタリア	505	14.1%
8 イギリス	443	−0.8%	8 オランダ	492	18.0%
9 ベルギー	430	17.4%	9 ベルギー	414	17.5%
10 カナダ	420	8.3%	10 カナダ	380	8.6%
世界	13,760	15.0%		14,237	15.4%
先進国	7,600(55.2%)	13.7%		8,300(58.3%)	12.1%
途上国	6,159(44.8%)	16.8%		5,937(41.7%)	20.3%
EU15カ国	4,786	14.9%		4,855	15.4%
アセアン諸国	852	13.5%		755	15.0%

出典：『ジェトロ貿易投資白書』p8より作成

る通り、先進国 23 カ国の鉱工業生産指数伸び率が、同じ期間では、2～3%にとどまっていることを考えると、世界貿易の増加をもたらしている要因には、発展途上国における貿易の増大が考えられる。実際に、2007 年における世界貿易（名目輸出ベース）の 49.2%（6 兆 1590 億ドル）は途上国の輸出であり、世界貿易の約半分は途上国によるものであることが分かる（表 2-3 を参照）。しかも、途上国の貿易の伸び率は、先進国の伸び率を 3% 程上回っている現実を考慮すると、程なく、世界貿易の過半は途上国による貿易となることが予想される。また、表中にあるサービス貿易は財

の貿易の25%程の額ではあるが貿易全体の増大とともに着実に増加を続けてきている。近年、このサービス貿易の重要性が再認識されてきたが、日本は、財の貿易では大きな黒字を示してきたものの、サービス貿易では赤字を続けているという意味でも注目に値する。この点については、第6章で詳しく取り上げることとする。

存在感を増す中国経済

表2-3は、世界の主要国における貿易の実態を、輸出と輸入別に、それぞれ金額の大きさの順にランキングしたものである。まず、輸出についてみると、第1位のドイツについで、第2位には、アメリカを抜いて中国がランクされている。しかも、上位3カ国の輸出の伸び率を比較すると、中国の伸び率は年率25%を超えており、世界経済がこのまま拡大をすれば早晩、中国が最大の輸出国となろう。国別のランキングでは、経済規模の大きな先進国が上位を占めているが、アセアン諸国全体の輸出は、世界全体の輸出の6.2%を占めるに至っており、日本の輸出額7130億ドルを、1500億ドル近く上回っている。

輸入についてみると、アメリカが第1位で、約2兆ドルの輸入額になっているが、貿易赤字の拡大に悩むアメリカの貿易構造を如実に反映する数字である。中国は、9500億ドル台で、大幅な貿易黒字国となっている。日本は、イギリスに次ぐ規模の輸入額であるが、先進国の中でも最も輸入増加率が低い国となっている。また、アセアン諸国全体は、日本の輸入額を1300億ドル以上も超えており、輸入の伸び率も日本の倍以上の15%である。

輸出額と輸入額の差としての貿易収支についてみると、最大の黒字国はドイツで、約2700億ドルの黒字、次いでほぼ同じ規模の中国の2600億ドル、第3位は日本で、約900億ドル強という黒字で、この3カ国だけで、約6200億ドルにも及んでいる。一方、貿易赤字についてみると、最大の赤字国はアメリカで、約8000億ドルの赤字、次いでイギリスの1900億ドルとなり、この2カ国だけで約1兆ドルの貿易赤字となる。こうした巨額

の貿易赤字はこの2カ国については恒常的であるが、貿易赤字を補っているのが、資本収支における大幅な黒字で、貿易と資本の両者を合計した国際収支のバランスをとっている。

　途上国間貿易の拡大
　貿易の構造は、先進国主導から、途上国の台頭による、多極化へと向かいつつあるが、地域的な再編だけではなく、貿易の内容における変化も起こっている。先進国の貿易の中心が輸送機器や電気・電子機器であることは容易に想像されるが、中国を筆頭とする途上国の貿易品目のうち最大の貿易額を構成しているのも、同じく輸送機器や電気・電子機器である。世界貿易の拡大に寄与している産業分野は、このような機械工業であるとみられるが、こうした機械工業の多くは加工組立型製造業である。多くの輸送機器や電気・電子機器は、多数の部品から組み立てられるとともに、規模の経済性が存在し、かつ、製造工程を分割することが比較的容易でトランスナショナルな分業に適している。このことは、第5章で取り上げる「モジュラー化」と関連し、途上国の急速な工業化や直接投資の増大に深くかかわっているものとみられる。

　かつての世界貿易においては、先進国が工業製品を輸出し、途上国は鉱物・エネルギー資源や食糧などの第1次産品を輸出するというパターンが存在したが、こうした第2期グローバリゼーションの帝国主義・植民地主義的な貿易構造は急速に消滅しつつあり、それに代わって、新たな国際分業に基づく貿易構造が生まれている。

2　直接投資の実態とその影響

（1）直接投資と生産・貿易
　2007年の世界の国内総生産の総額54兆5680億ドルの約4％近くにも及ぶ直接投資は約2兆ドル、200兆円であり、2008年度の日本の国家予算の3倍にあたる規模である。この直接投資について、前出の表2-1から、

その実態を読み取ろう。

毎年の直接投資のフローは、投資先の国において生産設備や企業資産となり、年々ストックとして累積される。1982年における、こうした直接投資残高は、6000億ドルから8000億ドルであったが、2007年には、15兆ドルを超えるものとなっている。これに関連して、世界の粗固定資本形成額（Gross fixed capital formation）をみてみると、1982年には、2兆8000億ドルであったものが、2007年には、12兆4000億ドルへと増加している。

直接投資の結果、投資先国における資産の総計は、1982年には、GDP総額の18.3％の2兆2000億ドルであったものが、2007年には、68兆7000億ドルにも達し、54兆6000億ドルのGDP総額を大きく上回っている。また、売上額でみると、1982年には、2兆7000億ドルであったものが、2007年には、31兆2000億ドルと、約12倍に増加している。さらに、この売上に関しては、対内直接投資が1000億ドル増加すると、3437億ドルの売上額の増加が見込まれるという、1980年から2005年までのデータに基づく国連機関の推計結果がある。

一方、直接投資と貿易との関係についてみると、直接投資による他国にある子会社・関連会社による輸出額は、1982年では、6880億ドルであったが、2007年には、5兆7140億ドルにも達している。この間、約8.3倍増加しており、世界貿易の同じ期間の伸び率7.2倍を凌駕している。また、世界貿易総額に占める直接投資関連の輸出の割合は、1982年では、29％であったものが、2007年には、33.3％にまで拡大をしている。さらに、雇用という面では、1982年では、海外子会社・関連会社に雇用されている従業員数は、全世界で2152万人であったものが、2007年には、8161万人にも及ぶようになっている。

（2）直接投資の増加傾向の推移

このようにみてくると、第3期グローバリゼーションにおける直接投資の増大は、所得増大、貿易拡大、雇用創出、固定資本形成、と多くの面で、

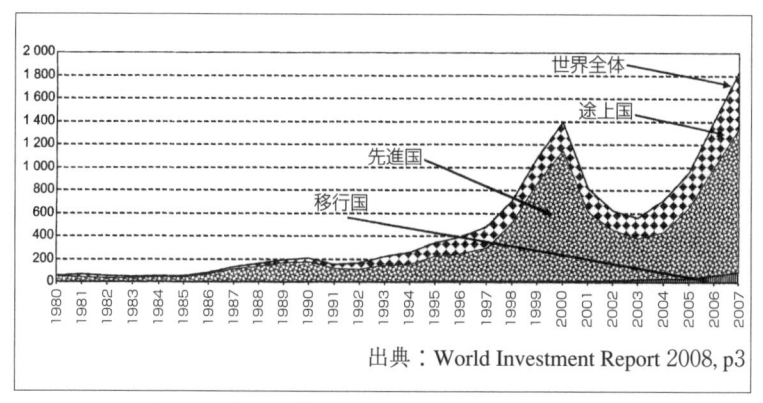

出典：World Investment Report 2008, p3

図2-2　対内直接投資の推移（単位10億ドル）

世界平均を上回る実績を挙げている。しかし、直接投資は、この間、一定のペースで増大してきたわけではない。図2-2は、1980年から2007年に至る期間における対内直接投資額を、先進国、開発途上国、そして社会主義経済から資本主義経済への移行国（主として旧ソ連邦経済圏）の3つのカテゴリーに大別して、その動向を年次別に表わしているものである。

この図から読み取れることは、以下の通りである。
① 直接投資は、1980年以降、増大化傾向にあるものの、その規模において5000億ドルを超えるようになったのは、1997年以降の過去10年間である。
② 1980年以降、同一ペースで増加してきたのではなく、幾つかの投資減退期が存在することがわかる。1990年から92年にかけての落ち込み、そして、2000年をピークとする急激な投資後退がみられる。前者は、日本におけるバブル崩壊の結果であり、後者は、アメリカにおけるITバブルの崩壊と重なる。
③ 対内直接投資の大半は先進国への投資であり、先進国間における直接投資が活発に行われていることが推測される。
④ しかし、1990年以降、着実に、発展途上国への対内直接投資が増大してきており、2007年には、途上国への直接投資総額は5000億ドル

を超えるまでに至っている。この数字は、1990年代半ばにおける、直接投資の総額に匹敵する額である。
⑤　移行国への対内直接投資は未だ規模の上では1000億ドル程度であるが、着実に増加傾向を示している。

（3）　主要国の直接投資の現状

これまでの議論によって、直接投資（FDI）がいかに大きな役割を、世界経済の拡大や再編に果たしてきたかが分かるが、先進国と発展途上国という分類ではなく、主要な国別にみるとどのようなものとなるのかを検討して見よう。

表2-4は、2007年における主要国・地域の対内直接投資と対外直接投資の金額を、投資額の多い順にランキングしたものである。（国際収支ベース、ネット、フロー、単位億ドル）まず、対内直接投資、すなわち、外国からの投資の受入状況であるが、第1位はオランダであり、次いで、アメリカ、イギリスと続く。対内直接投資には、外国企業による企業合併や企業買収（M&A）が含まれており、この年に巨大企業買収などがあると対内直接投資額は急騰する。オランダはその例にあたる。イギリスやフランスも積極的に外国からの直接投資を受け入れることで経済を活性化することを試みており、「世界の工場」といわれる中国でも直接投資の受入は活発である。また、石油関連企業などへの投資として、ロシアは直接投資の受入に積極的である。そのような投資受入状況の中で、日本は、対内直接投資として222億ドルを受け入れているにすぎず、アメリカの10分の1にも満たない額である。

一方、対外直接投資の方は、第1位のアメリカは3300億ドル以上と断然大きく、海外への投資に熱心である。それに続いて、イギリス、フランスと、2000億ドルを超える投資額となっている。さらに、ルクセンブルクは税制上の優遇措置や企業本社の誘致に熱心で、対内、対外の両面にわたって直接投資額は、そのGDPに比して大きい。日本は、かろうじて第9位に位置づけてはいるものの、対外直接投資額は700億ドル強で、アメリカの4分の1にも満たない。

表2-4 世界の直接投資；対内・対内直接投資ランキング（2007年）
（単位：億ドル）

〈対内〉直接投資		〈対外〉直接投資	
1 オランダ	2516	1 アメリカ	3333
2 アメリカ	2375	2 イギリス	2299
3 イギリス	1859	3 フランス	2247
4 フランス	1579	4 ルクセンブルク	1818
5 中国	1384	5 ドイツ	1699
6 ルクセンブルク	1188	6 スペイン	1196
7 カナダ	1086	7 オランダ	1105
8 香港	599	8 イタリア	908
9 スペイン	534	9 日本	735
10 ロシア	525	10 カナダ	538
番外 日本	222		
世界	2,1074	世界	2,1522
先進国	1,4422	先進国	1,8690
途上国	6652	途上国	2832

出典：『ジェトロ貿易投資白書2008』p15より作成

　世界全体の直接投資の構造を見ると、まず、直接投資は、対内であれ、対外であれ、先進国中心に展開していることが分かる。すなわち、先進国間の直接投資が3分の2以上で、特に、対外直接投資の90％は先進国発である。先にもみたとおり、中国を初めとする途上国は積極的に投資の受入を行って自国の産業化を進展させ、必要とする資本や技術を調達することで先進国の経済水準にキャッチ・アップしようと試みている。また、世界貿易における貿易黒字を背景に、外貨準備を活用して積極的に対外直接投資に乗り出す途上国も増加傾向にあり、直接投資は先進国のもの、という通説は崩れつつある。

　貿易や直接投資おける変化は、新たな世界経済の動きを生み出している。恒常的な貿易黒字国や貿易赤字国の発生や、黒字幅や赤字幅の拡大傾向は、あたかも高気圧や低気圧の発生によって大気の循環運動が起こるように、世界規模の資金の循環運動を引き起こす。その結果、世界的規模における不均衡、すなわち「グローバル・インバランス」を発生させる。これが世界的金融危機を誘発する遠因ともなっていく。

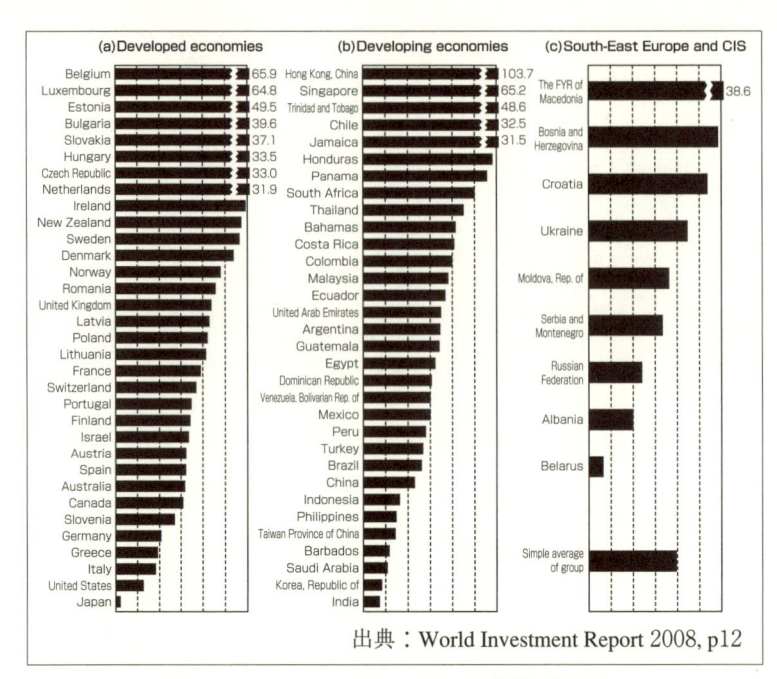

図 2-3　トランスナショナリティ指標（2005）

3　Transnationality Index にみる国別トランスナショナル化

　国連の『世界投資報告年次報告』は例年、「トランスナショナル度指標（Transnationality Index）」を公表しているが、2008年度版では、2005年における対内直接投資に関する統計値から推計される「トランスナショナル度指標」を国別に整理してランキングを行っている（図2-3）。
　この「トランスナショナル度指標」は、以下の4つの変数の平均値によって算定される。
① 直近の過去3年間（2003-05）における対内直接投資額の粗資本形成に占める割合
② 2005年の国内総生産に占める対内直接投資残高の占める割合
③ 2005年の国内総生産に占める外資系企業の付加価値総額の割合
④ 2005年の総雇用に占める外資系企業の雇用数の割合

いずれの変数においても、その割合が高ければ高いほど、トランスナショナル度は高くなる。

このトランスナショナル度指標によれば、広い意味での先進国経済では、ヨーロッパの比較的小規模な経済において、トランスナショナル化が進展していることが分かる。その中でも、ルクセンブルク、ベルギー、オランダなどのベネルクス3国は、貿易活動のみならず、投資や人材などの面で積極的に外国資本や外国人を受け入れているために指標が高くなっている。ベルギーにはEUの本部が置かれ、また、長く北大西洋条約機構（NATO）の本部も設置されてきたために、トランスナショナル度は高く、ルクセンブルクは「オフショア金融センター」（後述）として対内直接投資ならびに対外直接投資がともに大きい。

また、エストニア、ブルガリア、スロヴァキア、ハンガリー、チェコなどは、未だ、先進国経済とは言い難いが、EU経済圏の東の辺境にあり、旧ソ連邦時代の東欧「植民地」経済からの脱却を目指して、ヨーロッパ内やアメリカ、日本、韓国などからの直接投資を受け入れ、相対的に低価格の労働費用と結びつけて、自国産業の更新を目指している。

一方、ドイツ、アメリカ、日本などの経済大国は、グループ全体の平均値や加重平均値のいずれにおいても平均を下回っている。その要因の1つは、経済の規模が大きいので、GDPや総雇用者数に占める外国からの投資の割合が低くなることにもよっている。しかし、日本の状況は例外的に低いとしかいいようがないが、それは、言語を初めとする文化的障壁や日本独自の制度的制約が存在していることを窺わせる。

他方、途上国の状況はといえば、香港、シンガポールなどは、先進国並みの経済を営みながらも、領土も狭い都市型経済が積極的に貿易や物流、そして金融などの分野での成長を目指して積極的に外に開かれた経済を作り出そうとしている。また、それに続く、中南米やカリブ海諸国には、タックス・ヘブンと呼ばれるような租税回避地も含まれており、局地的トランスナショナル化が進展しているところも少なくない。一方、ブラジル、

中国、韓国、インドなどの途上国の中でも大きなGDPや人口を擁する国では、トランスナショナル化は途上国の平均以下に留まっている。

　生産、貿易、直接投資、さらには、トランスナショナル化の複合的指標を取り上げて、1980年代以降のグローバリゼーションとよばれるトランスナショナル化について検討を加えてきたが、それでは、この新しい現実は、一体どのような点で、これまでのグローバリゼーションと異なっているのであろうか。そのことを明らかにするために、経済地理現象を分析する視点について、次章で検討することにする。

第3章
高度化する国際分業：
フラグメンテーション

1 「新しい現実」の解明に挑む「空間経済論」の視点

ポール・クルーグマンの「空間経済論」

　2008年度ノーベル経済学賞は、アメリカのプリンストン大学教授で、国際貿易を始めとする現代の経済問題への理論的ならびに政策的研究と提言を行ってきたポール・クルーグマン教授に授与された（図3-1）。授賞にあたり王立スウェーデン科学アカデミーが発表した授賞理由によれば、「クルーグマン教授は、国際貿易に関する画期的なモデルを開発し、それによって、貿易パターンと経済立地との間の関係についての分析を行うことで、新しい経済地理学の発展の契機をもたらした」という貢献によって授賞されることになった。さらに、授賞理由は続けて、「1970年代における貿易パターンを実証的に分析することによって、それまでの国際貿易の定説モデルを改良する新しいモデルを構築し、その後の関連する研究領域の発展に寄与した」ことが挙げられている。

　現在、クルーグマン著の教科書『国際経済学』（*International Economics*）は、優れた教科書として欧米をはじめ世界の大学で採用されているが、クルーグマンの画期的な業績は、実は、国際経済学、特に国際貿易論にとどまるものではない。むしろ、国際貿易の新しいモデルの構築によって得られた鋭い洞察によって、既存の学問領域を横断するような新たな視点と展望を開いた点にある。

　そのような新たな視点として、国際経済学専攻のアンソニー・ベナブル

図3-1　ノーベル経済学賞を受賞したポール・クルーグマン

ズと地域科学専攻の藤田昌久との共著、*Spatial Economy: Cities, Regions, and International Trade*（1999）（邦訳『空間経済学——都市・地域・国際貿易の新しい分析』）によって、クルーグマンは、現代理論経済学が捨象してきた「空間」の次元を経済学の分析枠組みに再び取り戻す試みを行うが、それは理論モデルの展開そのものというよりも、変化する経済の現実、実際の貿易のパターンの探求の成果を基にした新研究領域の創造であった。

　一般に、経済活動は、地理的立地に基づき、異なる立地間での取引が行われている。そうした取引が、ある都市内や地域内で行われるとすれば、都市経済や地域経済に関する分析に対象となるが、もし、そのような活動が国境を超えて行われるとすれば、それは国際経済や国際貿易の分析対象となる。実質的に、経済活動が同じであっても、空間的スケールが変わると、何か経済活動の実態までもが異なるように思われるが、実際には、異なる空間的スケールを貫くような基本的な経済モデル、すなわち、空間経済モデルが想定され、しかも、そのようなモデルは、これまでに蓄積されてきた経済地理学の知見と、現代経済学の分析手法を総合化することによって得られる、とクルーグマンは考えた。

　確かに、これまでにも経済学と経済地理学の融合を試みた経済学者や経済地理学者は存在したが、それらの試みとクルーグマンの視点との決定的相違は、観察の対象となる現実の経済活動そのものの急速かつ劇的な変化であったのではなかろうか。

古典的貿易理論から乖離する現実

　1970年代から80年代にかけて、クルーグマンが観察した国際貿易の変化には、それまでの古典的貿易理論では説明がつかない現象が次々と現れ始めていた。古典的貿易理論によれば、国際貿易は、それぞれの国には、生産に投入される要素（例えば、農業用地や労働力、機械設備や技術など）に違いがあり、それぞれの国は自国に潤沢にある要素で、他国にはない要素に特化して生産を行えば、それぞれの得意とする産品を貿易によって取引することによって、自国も貿易相手国も互いにより大きな便益を享受することができる、とする。すなわち、国際貿易は、互いに異なるもの同士によって行われることよって全体的な利得が最大になる、という説明であった。しかし、現実の国際貿易の過半は、似たもの同士の先進国間で行われているではないか。そして、むしろ、先進国間の貿易は拡大こそすれ、縮小するような傾向はない。

　第2に、貿易の内容を分析すると、同一産業内の貿易（Intra Industry Trade）や、場合によっては、同一企業内の貿易（Intra Firm Trade）が拡大していることが観察される。こうしたことは、古典的貿易理論では説明がつかない現象である。しかも、この産業内貿易において取引される製品は、部品などの中間財や、最終製品に至る以前の半製品が増大しているという事実は、これまでの貿易理論では想定していなかったことである。

　こうした実態の観察から、クルーグマンは、国際貿易パターンの変化の背後には、これまでになかったような国際分業の拡大深化があると分析し、さらに、こうした国際分業を促している要因として、国境を超えた大量生産と規模の経済性の追求があると推測した。そして、そのことを裏付けるものとして、直接投資の増大があると考える。ある産業をとってみた場合に、必ずしも生産性の向上が見られるわけではないのに、生産コストの低減が行われているとすれば、それは、同一生産方式における投入要素の増大による、生産における平均費用の低減の結果に他ならない。直接投資の増大は、生産要素としての資本の投入の増大を意味するからである。

また、立地の経済地理学的分析から、貿易の拡大と、その背後にある生産の拡大は、経路依存性ということにより、特定の産業集積をさらに拡大し、集積の効果によって更なる投資を呼び込むことになるとした。経済学でいうところの「市場の失敗」とよばれる、規模の経済性や、集積の利益のような外部経済効果が、新たな産業立地と貿易拡大という現象に働いているものと考え、都市経済というような小規模の空間スケールから、国際貿易のような大規模なスケールまでの経済活動を統一的視点、即ち、空間経済という観点から総合的に分析できる、とクルーグマンは考えたといえよう。

2　分業・規模の経済性・集積の利益

「大量生産と規模の経済性」という概念は、経済学における最も基本的な概念であり、近代資本主義経済を生み出す力の源泉ともなってきたものである。また、産業革命以降の第2期グローバリゼーションを推進する原動力でもあった。ここで、規模の経済性と、それをもたらす生産における革命について整理をしておくことにしよう。

近代経済学の父とよばれるアダム・スミス (Adam Smith) は、その著『国富論（諸国民の富）』を分業論によって始める。分業とは、ある製品を生産するにあたって、その製造工程を幾つかの部分工程に細分化し、それぞれの部分工程を専門に受け持つ作業者が分担して作業を行うことであり、その結果、分業する以前とは比較にならないほど生産性が挙がること（同一労働力による生産量の増大）をいう。アダム・スミスは、有名なピンの製造のエピソードでこのことを説明した。

この分業の原理によって、近代の工場制生産が確立し、生産力は飛躍的に増大した。この分業とともに、更なる生産力の向上をもたらしたのが、規模の経済性である。ある工場で分業に基づく生産を行っていたとしよう。この工場では、工程間分業を行うためには、作業量に応じて変化する可変費用（原材料費や労働費など）とともに、工場を操業するために掛かる一

定の費用、すなわち固定費用との2つの異なる費用が掛かる。そして、今、投入する原料や労働力を2倍にすると、その結果、得られる生産物の1単位あたりの平均費用は、それまでの生産のやり方のときよりも低減することになる。投入を2倍にしても、固定費用は2倍にはならないからである。こうして、生産の規模を拡大するにつれて、平均生産費用が低減することを規模の経済性（Economies of Scale）という。このことを別な形で表現すると、同じ費用を掛けるとしたならば、生産される生産物は漸増する、ということになる。これを、規模に関する収穫逓増（Increasing Returns to Scale）とよぶ。この規模の経済性によって、近代工場制生産は、近代「大工場」制生産へと移行することになる。分業と規模の経済性に基づく大工場制を完成させたのは、20世紀初頭のアメリカにおけるヘンリー・フォード（Henry Ford）の自動車工場であり、それは現代の大量生産方式のモデルとなったといわれている。

工場内分業から産業集積内分業へ

それではこの分業による生産性の向上と規模の拡大による規模の経済性の追求は、無限に続くのかといえば、それには自ずと限界がある。そこで次の段階として考えられるのが、分業による工程をグループ化し、それぞれの分担する工程に特化する工場を造り作業を連結して、あたかも1つの工場のように生産を行うことである。はじめは1つの企業に属する複数の工場から始まるとしても、やがて、一部の生産工程に特化した企業が出現し、工場の周りに次々と別の工場が立ち並ぶ工業地帯が形成されるようになる。

この工業地帯形成の経済的理由を始めて明らかにしたのが、19世紀末から20世紀初頭に掛けて活躍したイギリスの経済学者でケンブリッジ大学教授のアルフレッド・マーシャル（Alfred Marshall）であった。マーシャルが選んだ工業地帯は、北部イングランドの西ヨークシャーにあるシェフィールドの町であった。そこは中小幾多の製鉄工場が密集していた。この町でマーシャルが見出したものは、多数の企業が同一の地域に立地することによる経済性であった。マーシャルによれば、工場の集積は、（1）熟

練した労働力の局地的労働市場の形成を促し、労働力の流動性を高め、雇用調節を容易にする、(2) 分業の深化によって、専門化が進み、より品質の高く、より低価格な中間財の生産を促す、(3) 同一地域内に隣接して立地することにより、ある工場での革新が他の工場へと伝播するスピル・オヴァー効果が生まれる、という3つの経済効果が考えられるとした。これが、集積の利益（Economies of Agglomeration）とよばれるものである。これらの経済的利益は市場の取引によって得られるものではないということから、外部性（Externality）とよばれる。この外部性が存在する時、そうでない時とは異なる合理的選択が可能となるが、外部性そのものについては、市場のメカニズムによっては説明することができない。

系列化とサプライ・チェーン

ところで、このような集積の利益が存在し、多数の企業が自発的にある特定の地域に立地するようになると、産業集積内における取引関係に新しい関係が生まれる。その第1は、いわゆる「系列化」である。特に、加工組立型製造業の場合、主力となる組み立て工場を中心に、部品の納入業者が生まれ、さらに、そうした納品業者の下請けとして更に前段階の部品や原料加工を行う業者が生まれてくる。特に現代の機械工業では、何万という部品を階層的に組み立て上げることによって最終製品を製造することが珍しくない。自動車の製造はそうした一例である。

第2には、系列化のように供給業者を階層的に組織化するのではなく、製造される生産物によって、その都度、最も適格で、低い中間財価格の納入業者を選択する、という場合もある。随意契約なので系列を維持する費用が掛からない点で優位であるが、系列のような信頼関係に基づく相互学習の機会は少ない。さらに、現代の製造業では、中心となる企業は部品の内製化率、すなわち、自社内で基本的重要部品を製造するという割合が低下しており、社外の業者に発注する場合も珍しくない。このように社外の業者に発注して必要とされる部品などを調達することを外注化（アウト・ソーシング：Out Sourcing）とよぶ。

そして、系列であれ、随意契約であれ、外注化であれ、こうした納入業

者の供給システムを、サプライ・チェーン（Supply Chain）とよぶ。そして、マーシャルが分析の対象とした産業集積では、このサプライ・チェーンは、同じ産業集積内に限られていた。しかし、クルーグマンが分析した現代の生産システムでは、こうした地理的制約は次第に希薄になりつつ、サプライ・チェーンは国境を超えて拡大し始めていた。

3 国際分業とフラグメンテーション

　自動車工業を始めとする現代の機械工業の製造工程は、非常に多くの数の工程からなり、また、膨大な数と種類の部品を必要とする。それゆえに、1つの工場内で総ての工程を分業化したり、総ての部品を内製化することなど、始めからできない。むしろ、どのように効率良く製造工程を組織化し、必要な部品を必要なとき必要な分量だけ調達することで、在庫を縮小し、かつ、タイミングよく市場へと製品を送りだすことができるかを考えなければならない。それには、産業集積内にこだわる必要は毛頭なく、産業集積外もふくむ広い空間のなかで、最適な生産組織を構築することが重要となる。そこから、産業集積間分業が生まれてくることになる。その結果、規模の経済性を最大限に活かすには、工程間の分業を空間的に分散する方法が考案されるようになる。図3-2は、事業所（工場）内分業から、産業集積内分業（マーシャル型）、さらに、産業集積間分業へと至る分業システムの進化の様子を模式的に表している。その図において、（C）の場合は、フラグメンテーション（Fragmentation）とよばれているが、フラグメントとは、「断片」のことであり、フラグメンテーションとは、製造工程を多数の半自律的な工程に細分化し、空間的に分散した生産工程のサブユニットを組織化し、新たな生産ネットワークを構築することを意味する。

サービス・リンクスと民営化

　こうしたフラグメンテーションが可能となるには、空間的に分散化した生産システムがあたかも1つの巨大なネットワークとして一体的に連動して活動しなければならない。そして、そのようなネットワークが規模の経

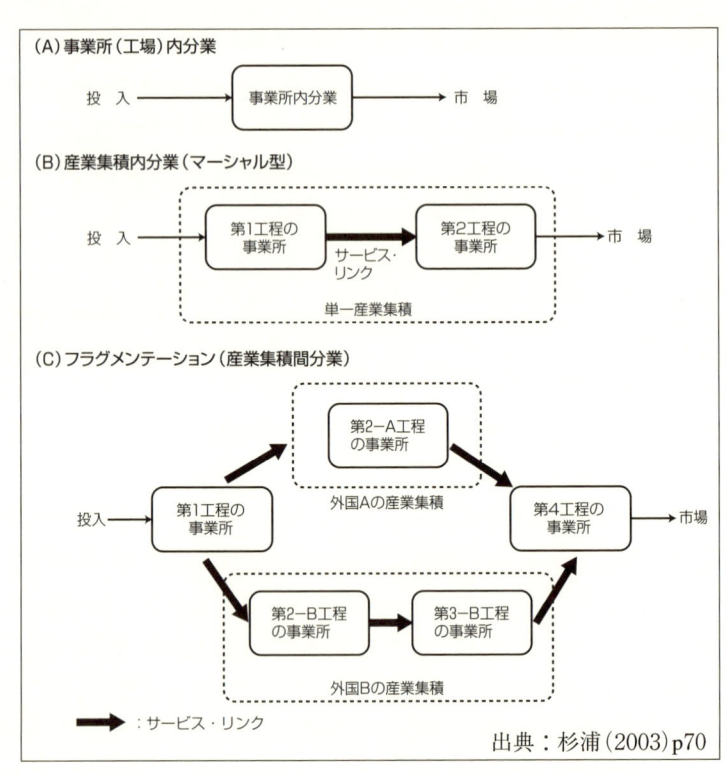

図3-2 フラグメンテーションとサービス・リンクス

(A) 事業所(工場)内分業
投入 → 事業所内分業 → 市場

(B) 産業集積内分業(マーシャル型)
投入 → [第1工程の事業所 → サービス・リンク → 第2工程の事業所] (単一産業集積) → 市場

(C) フラグメンテーション(産業集積間分業)
投入 → 第1工程の事業所 → 第2-A工程の事業所(外国Aの産業集積) → 第4工程の事業所 → 市場
第1工程の事業所 → 第2-B工程の事業所 → 第3-B工程の事業所(外国Bの産業集積) → 第4工程の事業所

→:サービス・リンク

出典:杉浦(2003)p70

済性を享受しながら生産活動を行うためには、空間的分散によって生じるコストが充分に小さいことが必要となる。第1章で述べた、第3期グローバリゼーションの基本的要因である、「交通通信革命」が、フラグメンテーションを可能にしたのである。そしてまた、第3期グローバリゼーションの第2の基本要因である、世界各国による規制緩和と制度改革、そして資本の自由化によって、このグローバリゼーションのネットワークは国境を超えて外国へと拡大してゆくことが可能になった。図3-2において事業所と事業所を結ぶ太線の矢印は、ある工程で出来上がった中間財や半製品が次の工程へと移動することを表しているが、同時に、2つの工程間の連絡などのコミュニケーションも表している。このような工程間の連結を、サービス・リンクス(Service Links)とよぶ。フラグメンテーションは、こ

のようなサービス・リンクスの存在によってはじめて可能となる。このサービス・リンクスがいかに効率的で信頼性が高いかが、生産ネットワーク全体の効率と収益性を決める重要な要因となる。そこから、このようなネットワークを、「生産・物流ネットワーク」とよぶ。

　自国以外の海外に生産拠点を設けることが始まった当初は、このようなサービス・リンクスも自社内の物流ネットワークによって運営されていたが、直接投資の拡大によって外国における現地法人設立が急増すると、こうした物流を専門とする企業が企業グループの子会社として、あるいは、独立した事業として、設立されるようになる。そして、多くの現地法人が、内製化されてきた物流サービスを外注化するようになる。
　時あたかも、世界の各国では、それまで国営や公営で営まれてきた郵便事業や電信電話事業が次々と民営化され、民間企業の市場参入を後押しするようになったのは、国という領域の中だけで完結していた運輸・通信事業が国際的競争にさらされるようになったことによる。さらに、このようなサービス・リンクスにかかわるサービス事業が重要な産業として台頭し、財の貿易と並んでサービス貿易も急拡大するようになる（第6章を参照）。
　1980年代から急速に展開するようになる生産ネットワークの自国外への進出は、企業のトランスナショナル化を押し進めるとともに、直接投資の急拡大の原因ともなった。また、自国外からの直接投資によって、国民経済の部分的トランスナショナル化が進展し、企業は自国外のトランスナショナル企業との競争にさらされるようになるとともに、新たな雇用を生み、国内総生産を拡大し、経済成長の新たな要因ともなった。

4　デルコンピュータの躍進の秘密："Direct"戦略

既存モデルのヴァージョン・アップと直接販売
　1980年代から始まる企業活動のトランスナショナル化の模様を、具体的な企業の事業展開についてみることにしよう。ここで取り上げるのは、パーソナル・コンピュータ（PC）の分野のデルコンピュータ社（以下では、

デル社とよぶ）である。

　デル社は、1984年、当時、大学1年を修了したばかりのマイケル・デル（Michael Dell）によって立ち上げられたベンチャー・ビジネスであった。しかし、それは、他の多くのベンチャーが起業されていたシリコンヴァレーにおいてではなく、テキサス州のオースチンでのことあった。マイケル・デルは、当時、普及し始めたパソコンに関して、その多くの利用者が性能の上で不満を持っていることを自らのパソコン体験からも熟知しており、パソコンのヴァージョン・アップはビジネスチャンスであると考え、起業した。しかも、大量販売の仕組みは、幾つもの段階の流通過程を経るために、流通マージンは高く、しかも、販売員の殆どは商品知識に欠けていた。そこで、マイケル・デルは、高性能のパソコンを求める顧客に直接販売するビジネスモデルを構築し、専門的知識をもった販売員を顧客とのビジネスにあたらせるとともに、質の高い顧客ニーズを製品開発に取り込むことに成功した。直販方式を採用することで、流通マージンを極小化し、その分を製品の性能アップに回すことで、ビジネスは急拡大した。このデルの戦略は、"Direct"戦略とよばれ、その後、多くの企業によって採用されるビジネスモデルとなった。デル自身、このビジネスモデルについて次のように述べている。

　「直販のメリットは明らかである。顧客がメーカーに対して直接注文し、希望の仕様に基づいてつくられた製品・サービスを直接受け取る。企業は、注文を受けるまで製品を作らなくてよいので、最大限の効率で操業できる。」

　このような新しいビジネスが可能となった背景には、この時期に、コンピュータの構造は、互換性を増し、周辺機器の開発とともに、多数の企業によって既存モデルの改良やヴァージョン・アップが行われるようになったことがある。すなわち、パソコンは、多数の「モジュール」からなる組み合せ製品となった（「モジュラー化」については第5章を参照）。

　急増する顧客からの注文に対応する為に、デルは、海外に部品製造拠点を設立する。フラグメンテーションである。海外現地法人は、日本、韓国、

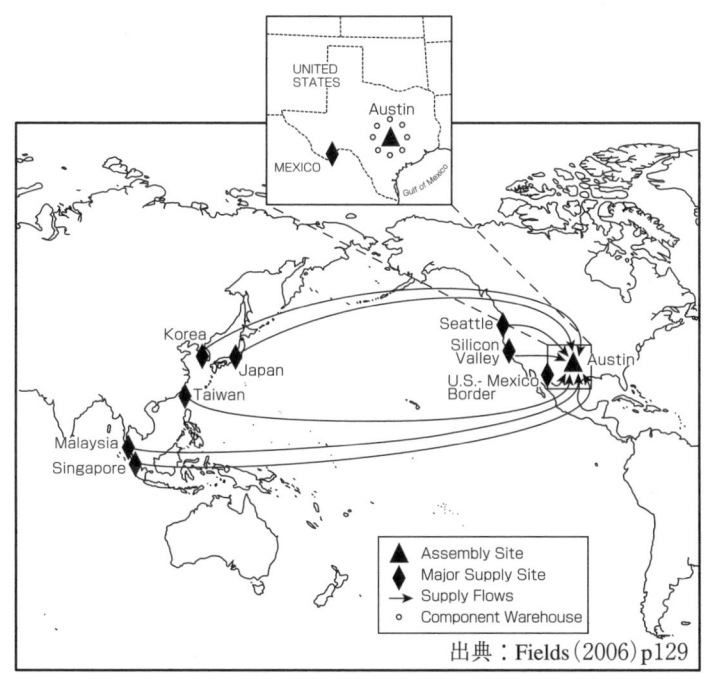

図3-3 デルのトランスナショナル生産ネットワーク

台湾、マレーシア、シンガポールに置かれ、パソコンの最終組み立ては本社のあるアメリカのテキサス州オースチンで行うようになった（図3-3）。しかし、1990年代初期には、デル社は、世界のコンピュータ・メーカーのなかで未だ25位にすぎなかった。1994年と2001年における世界のパソコン企業の販売台数のランキングをみると、1994年には、第1位にコンパック（Compaq）社が、世界市場の10%を占め、デルは、それでも2.4%のシェアーで第10位に食い込んでいた（表3-1）。しかし、2001年になると、デル社は一躍、世界市場のトップに躍り出て、世界市場の14.2%の市場占有率を達成する。7年前のコンパックの市場占有率を凌ぐ数字である。1994年から2001年の間に、世界のパソコン市場は激変し、パソコンへの需要は膨れ上がった。市場の急拡大のなかでの市場占有率を急騰させるためには、生産・物流システムの大幅な拡充が必要となったことは容易に想像できる。

表3-1 デルの世界市場占有率の推移（1994 - 2001）
Rank of PC Firms, 1994 and 2001（by World Market Share）

1994 Rank	Firm	%Share	2001 Rank	Firm	%Share
1	Compaq	10.0	1	Dell	14.2
2	Apple	8.3	2	Compaq	11.1
3	IBM	8.2	3	IBM	7.2
4	Packard Bell	5.2	4	Hewlett Packard	6.9
5	NEC	4.1	5	NEC	5.0
6	Hewlett－Packard	4.0	6	Apple	4.8
7	Acer	3.0	7	Siemens	3.4
8	Toshiba	3.0	8	Gateway	2.8
9	Fujitsu	3.0	9	Toshiba	2.2
10	Dell	2.4	10	Fujitsu	2.0

Source：Fields2004, 184, 214

出典：Fields（2006）P130

　デル社は現在、世界170カ国以上で事業を行っているが、顧客の分布は世界中の拡がりをみせている。2001年当時のデルの生産・物流システムをみると、アメリカ国内に主力組み立て工場をオースチンとテネシー州ナッシュビルに2カ所擁し、海外には、中国のアモイ（シアメン）、マレーシアのペナン、アイルランドのリメリック、ブラジルのアルボラダの4カ所に主力組立工場を設立し、これらの組立工場にはそれぞれ供給戦略物流センターを配し、グローバルな供給物流システムを構築している。また、日本を含む東アジア各地には部品納入業者を集中化させている（図3-4）。このような供給システムによって、デルの本社は各地域の組立工場と供給戦略物流センターに対して、1回に数千台規模のパソコン製造を指示している。しかも、これらのシステムによって、受注から納品に至るビジネス・リード・タイムを大幅に短縮化するとともに、トヨタ自動車のような供給システム、すなわち、ジャスト・イン・システム（Just in System）を確立し、デル社の在庫は、1994年には32日分あったものが、2002年には3日分にまで圧縮することに成功したのである。

出典：Fields（2006）p138

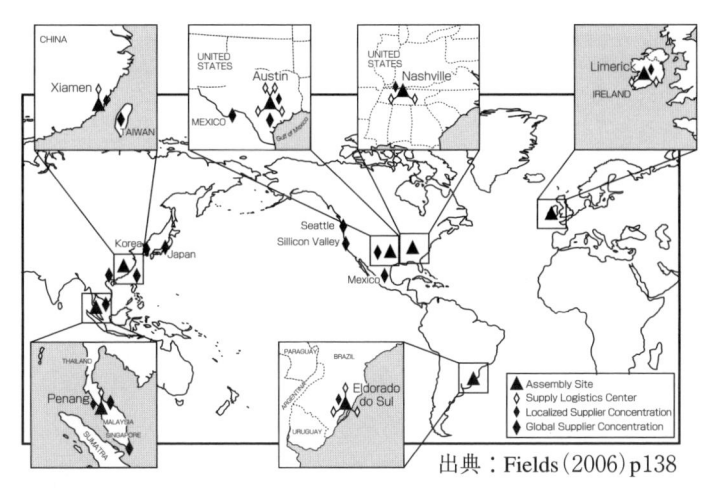

図3-4

　このような巨大なフラグメンテーション・システムを効率よく運営することができるのは、早くから採用したインターネットの活用である。顧客とのコミュニケーションや受注とともに、供給業者への指示や組立工場への発注などすべてインターネットによって迅速かつ正確に行っている。インターネットは、製造や販売の効率化や顧客満足の向上に役立つだけではない。インターネットのもたらしたビジネス一般へのインパクトについて、マイケル・デルは次のように述べている。

　「新しいビジネスが出現し確立されていくペースが、インターネットによって劇的に速くなっている。その理由の１つは、インターネットが資本形成の性質を変えてしまったことである。つまり、株式新規募集が、以前のような既存企業のファンダメンタルズに投資する機会というよりは、ベンチャー・キャピタル・ファンドへの投資機会を意味するものになったのである。これによって、新興企業が、ウェブベースのビジネスモデルなり企業買収なりのかたちで実験を進めるための膨大な資金を集められるようにになった。」

　デル社の発展の軌跡は、第３期グローバリゼーションの波と重なる。一

方における、世界各地に展開する製造拠点と供給業者、そして他方における、インターネットで結ばれた全世界に拡がる顧客への受注直販体制、それらを支えるサービス・リンクスの充実、そして、インターネットを活用した資本調達、これらすべてが、わずかの時間の間にテキサス州オースチンの町の一角から始まったベンチャー企業が成し遂げ、現在も進化を遂げている企業の姿なのである。そして、アメリカ国内も含む世界6拠点の組立工場から全世界に向けて発送されるデル社の製品は、発送する国とともに顧客のいる国の双方の貿易の増大に寄与しているのである。これは、もはや、古典的貿易理論の想定する貿易とは異質なものといえよう。

　そして、デル社は、2000年代に入ると、経営的にも大きな壁にぶつかり、情報通信技術関連の象徴的企業の地位をグーグル社に明け渡す。いかにこの分野の革新の速度が速く、キャッチアップが早いかが窺われる。デル社は、2007年以降、先進国における生産体制を見直し、中国やインドなどの新興経済圏の経済成長に伴なう市場の台頭によって生まれる10億人のマーケットに照準を合わせた、低価格機種による新戦略を展開している。フラグメンテーションによる生産・物流システムは、1つのビジネスモデルとして構築されるだけではなく、常に変化し続けているのである。

第4章
トランスナショナル企業（TNC）の台頭

1　トランスナショナル化の背景：
　　Multinational から Transnational へ

　デルコンピュータ社のような企業のことをトランスナショナル企業（Transnational Corporations：TNC）とよぶ。一昔前は、多国籍企業（Multinational Enterprises：MNEs）とよばれていた。また、なかには、グローバル企業とよばれる場合もある。本著では、トランスナショナルというよび方を採用するが、その理由を、本章の内容に入る前に整理しておくこととしたい。

　まず、グローバルという場合、「地球規模における」という意味で使われることが多い。その例として一番なじみ深いのは、地球温暖化を Global Warming という場合であろう。この用例では、地球全体が問題であり、国境を超えた共通の現象として理解されている。グローバル化というような場合には、第1章にもあるように、世界の政治経済や社会文化が相互に影響を与え合うような条件や環境が生まれ出てくる、という意味である。しかし、グローバル化には、世界が一様になってゆく、という意味はない。しかも、政治経済や社会文化が相互に影響を与え合うような条件や環境といっても、あくまでも、マクロ的に見た場合であって、決して、ここの個人や企業、組織がすべて、世界の隅々からの影響を受けるような状況が生まれているわけでもない。グローバリゼーションという場合、それによって表わされるものは、あくまで比喩的なもの以上のものではない。

　また、グローバリゼーションという場合、技術革新によって経済が地球

規模で否応なく1つのシステムへと統合化され、その結果、経済的繁栄と民主主義がもたらされる、というイデオロギーが前提となっていることも見逃されてはならない。いわゆる、ネオ・リベラリズムの立場である。しかし、世界の現実は、地球規模における統合化へ向かっているというのは幻想に過ぎないことは、「グローバル資本主義」の破綻によってもたらされた世界金融危機によっても明らかなことである。このことを、世界的に著名な投資家ジョージ・ソロス (George Soros) は、「(グローバル化という名の下の) 市場原理主義もまたイデオロギーなのだということを認識すれば、私たちの現実理解は、さらに深まることであろう。」(Soros, 2008, P137) と述べている。グローバリゼーションという考え方には、変化は不可避な環境与件であるという思い込みがある一方、そのような世界の実現へ向けて体制化を行おうとする操作の試みでもある。そこから、グローバリゼーションをめぐる、推進派と、それを拒絶する反対派の対立が生じるが、その根源は、このグローバリゼーションという語が多義的のまま、現実を分析する道具というより、現実をどのように規定すべきなのかを表わす表象となっているからであろう。

　それでは、多国籍という表現はどうであろうか。多国籍企業という場合、多くの国々において企業活動を展開する企業を指している。コカ・コーラやマイクロソフトなどを思い浮かべる人も多いのではないか。先にみた、デルコンピュータ社もその一例である。しかし、かつてこの多国籍企業という表現が生まれたときには、石油メジャーや巨大なコングロマリット企業が主にそういう呼称でよばれていた、第2期グローバリゼーションの名残である。しかし、1980年代以降の第3期グローバリゼーションにおいては、既にみてきたように、必ずしも巨大企業のみが自国以外で企業活動を行っているわけではなく、中小企業もまた、自国以外に子会社を展開している例も少なくない。国境をまたいで複数の国で事業展開をしているのは世界的企業のジャイアントやガリバーだけではない。
　そして、第3期においては、国境の制約や規制が緩くなり、誰もが気軽に海外での事業に取り組むことが可能になってきている。このような変化

は、実は、企業活動だけではなく、様々な非営利組織（Non-Profit Organizations: NPO）や非政府系組織（Non-Governmental Organizations: NGO）などによる、国境を越えた活動状況によって象徴されている。環境や人権、医療や難民救済などのNPO活動のネットワークは国境を超えて結ばれている。そこでは、世界が国家という単位で構成されているという現実を迂回して、それぞれの目的を達成しようとしている。多国籍という場合、国の存在は大きく硬い。それに対して、第3期では、国の存在は後退し、インターネットなどを通じて垣根は低く、風通しのよいものに変質してきている。e-commerce などのネットビジネスの急拡大は、国境を越えたバーチャル空間における経済活動の可能性を具現化したものであり、ビジネスの領域におけるトランスナショナル化を示す1つの例である。

　こうした状況を言い表わすのが、トランスナショナル（transnational）という表現である。また、国連などの国際機関においても、企業活動などを表わす表現として、Transnational Corporations: TNC という言い方に統一して採用している。そこで、本著では、以下の章においては、「トランスナショナル」という言い方を採用し、これまで「グローバリゼーション」と無定義によんでいたことを、「トランスナショナル化する世界」とよぶことにする。

2　TNCの実態

　トランスナショナル企業（TNC）は、親会社だけでも世界で約10万社が存在している。表4−1は、このようなTNCのなかで、自国外における対外資産残高の最も大きい企業を、資産残高の大きさの順にランキングしたものである。この上位10社のランキングに中には、石油関連が4社、自動車関連が2社（そのうち1社は日本のトヨタ自動車）、電気・電子機器1社、通信事業1社、インフラ関連1社、小売業1社がリストアップされている。対外資産残高の大きさは、直接投資を通じてのトランスナショナル化の実態をあらわす指標となっている。

　この10社のなかで最大の対外資産残高を持っているのは、アメリカの

表 4-1-(1)　世界の TNC トップ 10（対外資産残高）(2006)

foreign assets	企業名	本社所在国	産業分野
1	General Electric	United States	Electrical & electronic equipment
2	British Petroleum Company Plc	United Kingdom	Petroleum expl./ref./distr.
3	Toyota Motor Corporation	Japan	Motor vehicles
4	Royal Dutch/Shell Group	United Kingdom, Netherlands	Petroleum expl./ref./distr.
5	Exxonmobil Corporation	United States	Petroluem expl./ref./distr.
6	Ford Motor Company	United States	Motor vechicles
7	Vodafone Group Plc	United Kingdom	Telecommunications
8	Total	France	Petroleum expl./ref./distr.
9	Electricite De France	France	Electricity, gas and water
10	Wal－Mart Stores	United States	Retail

表 4-1-(2)　世界の TNC トップ 10（対外資産残高）(2006)

	資産		売上高（単位：100 万ドル）		従業員数		事業所数	
	Foreign	Total	Foreign	Total	Foreign	Total	Foreign	Total
1	442278	697239	74285	163391	164000	319000	785	1117
2	170326	217601	215879	270602	80300	97100	337	529
3	164628	273853	78529	205918	113967	299394	169	419
4	161122e	235276	182538e	318845	90000	108000	518	926
5	154993	219015	252680	365467	51723	82100	278	346
6	131062	278554	78968	160123	155000f	283000	162	247
7	126190	144366	32641	39021	53138	63394	30	130
8	120645	138579	146672	192952	57239	95070	429	598
9	111916	235857	33879	73933	17185g	155968	199	249
10	110199	151193	77116	344992	540000	1910000	146	163

出典：World Investment Report 2008, p220

　電気・電子機器メーカーのジェネラル・エレクトリック（General Electric：GE）社である。エジソンの発明した電球の生産に起源を持つこの GE 社は、現在、航空機のエンジンや医療用機器の生産を行っているが、2008 年の総売上額は、1633 億ドル（16 兆 3300 億円）にのぼり、その営業利益は、500 億ドル（5 兆円）を超えている。しかも、営業利益の前年度比は、19.2％増と極めて高い。GE 社の資産総額は、約 7000 億ドルで、在外資産総額は、総資産の約 64％ にものぼっている。また、総売上額の 45％ 強は自国外でのものであり、雇用についてみると、総雇用者は約 32 万人で、自国外における雇用者数は、16 万 4000 人と、過半数は自国外の雇用である。2006 年現在、自国内外の関連子会社の総事業所数は、1117 カ所であり、そのうち自国外の海外の事業所数は 785 事業にものぼり、約 70％　の関連

子会社の事業所は外国における現地法人の子会社である。

　第3位のトヨタ自動車についてみると、総資産の約60％は、海外における資産であり、総売上額2000億ドル強に占める海外の売上額は38％で、海外の売上総額は、第1位のGE社を上回っている。総雇用者は約30万人にも及び、その38％は海外における雇用である。トヨタ自動車は、デンソーやアイシンなどのグループ系列会社などとともに、アメリカを始め世界各地において生産・物流・販売のための、フラグメンテーションとサービス・リンクスのネットワークを構築し、関連子会社の総事業所数419事業所のうち、海外の事業所数は約170カ所にも及んでいる。

　一方、第10位のウォルマート（Wal-Mart Stores）社の場合はどうであろうか。世界最大の小売業であるウォルマート社は、アメリカにおいて小売業の流通革命を引き起こし、圧倒的な仕入・販売力によって、急速に中南米をはじめ、ヨーロッパやアジアに進出し、トランスナショナル企業化している（図4-1）。日本では、西友グループとの戦略的提携により着実に日本市場に進出しているが、全世界における雇用者数は、約190万人にも及び、そのうち、海外での雇用者数は54万人にも達している。ウォルマート社の躍進の力の源泉である、低価格生活日用品の調達には、中国や中南米諸国におけるフラグメンテーションやサービス・リンクスの構築と、トランスナショナルな規模の経済性の徹底的な追及がある。一方、同じようなトランスナショナルな小売業大手のフランスのカルフール社は、ウォルマート社をしのぐ数の事業所を展開しているが、図4-2にもみられるように出店戦略には、地域的な相違がみられる。

　現在、全世界でTNCの親会社にあたる本社の数は、約10万社にも及んでおり、最近の傾向として、途上国、とりわけ、新興経済圏の諸国を本国とするような企業のトランスナショナル化が急増している。また、既にみたとおり、このようなTNCのトランスナショナル化によって、世界全体で8000万人以上の雇用が生まれている。さらに、TNC全体の付加価値総

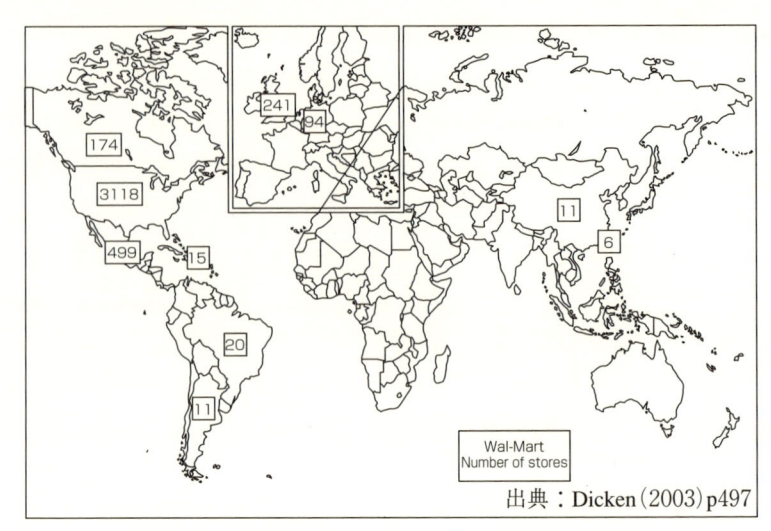

図4-1　ウォールマート社のトランスナショナル化
出典：Dicken（2003）p497

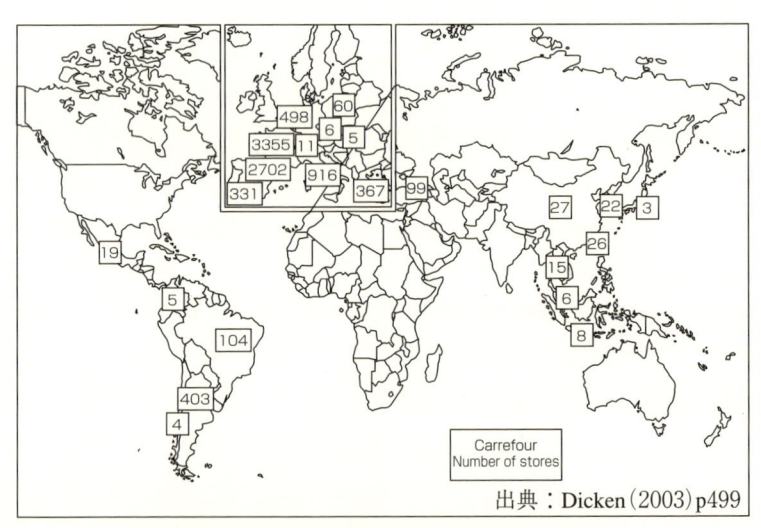

図4-2　カルフール社のトランスナショナル化
出典：Dicken（2003）p499

額は、世界全体のGDP総額の約25%にもなるものと推計されている。また、貿易に関しても、同一産業内部や同一TNC内部におけるトランスナショナルな貿易取引額は、世界貿易の30%以上を占めるようになっており、さらに急拡大している。

3　トランスナショナル化の目的

なぜ、トランスナショナル化は起きるのか

企業におけるトランスナショナル化が推進される理由には、大きくいって、次の3つの理由がある。

第1に、市場へのアクセスを求めるため
第2に、生産コストを削減するため
第3に、研究開発投資の効率化を図るため
である。

第3章でも触れたとおり、企業収益を増大させる方法の1つとして規模の経済性を自国の領域を超えて追及することが考えられ、そして、この規模の経済性による収益の拡大の追求が、企業のトランスナショナル化を促進する原動力である。

水平的トランスナショナル化

大量生産によって、平均生産費用が低減したとしても、生産された製品が販売されなければ意味がない。そして、フラグメンテーションが実行可能になれば、より市場に近いところで生産することは合理的立地選択となる。そこから、市場へのアクセスを求めるトランスナショナル化が起こる。その典型的な事例として、日本の自動車産業各社が、アメリカに現地法人を設立して、自動車を生産し、アメリカ市場に販売するようになったことが挙げられる。

1980年代に入ると、日本国内で生産された自動車の、対アメリカ輸出は急拡大をみせる。燃費のよい小型車は、日本の自動車メーカーの得意と

する分野で、アメリカ市場でも需要は大きかった。しかし、GM社を始めとするアメリカ3大自動車メーカーは、市場と収益を奪われることからアメリカ議会に働きかけて、日本からの自動車の輸入に制限を設けようとする。自由貿易を標榜するアメリカ政府は表向きには、日本車への輸入制限をためらったが、自動車問題を日米貿易交渉の重要課題として取り上げ、日本側に自主的な輸出制限を促した。世界最大の自動車市場であるアメリカ市場は、日本の自動車メーカーにとっては失うことのできないものである。そこで、日本の自動車メーカー各社は、アメリカ国内に現地法人を設立し、現地のアメリカ人を雇用し、アメリカ国内製として自社の製品をアメリカ市場で販売することにする。そのため、日本の自動車メーカー各社は、主力となる組み立て工場とともに、系列下の部品メーカーを引き連れて生産システムを一部、アメリカに立地することとした。アメリカにおける日本車排斥や制限の最大の理由は、日本車の進出はアメリカの自動車産業の雇用を奪う、というものであった。

このように、市場へのアクセスを求めて、日本国内にあった生産システムの一部分を、そのまま、アメリカという市場へのアクセスのよい立地に移動させるようなトランスナショナル化を、「水平的 (horizontal)」なトランスナショナル化とよぶ。

垂直的トランスナショナル化

規模の経済性による平均生産費用の低減化を目指す企業にとって、価格競争力は、ブランド力構築と並んで至上の課題である。そして、もし、フラグメンテーションによって、自国外に、より安価な投入要素を入手することが可能であるとすれば、いち早く、そのような相対的に安価な投入要素を活用する生産体制を構築することができた企業が、世界市場において競争優位性を確立することができる。生産に必要とされる投入要素のなかで、労働力と土地の費用には、世界各地域において大きな差が存在している。そこで、発展途上国における膨大な数と、先進国の労働費用とは比較にならないほど安価な労働力の利用を求めて、生産・物流システムを途上国にまで拡大するフラグメンテーションが試みられることになる。このよ

うなトランスナショナル化は、生産工程の一部または全部を、労働費用や法人税の安い立地点へ移すことで、生産費用の低減を目的とするもので、垂直的に統合化された生産システムを国境を越えて構築するという意味で、垂直的（vertical）なトランスナショナル化とよばれる。日本の中低価格衣料の製造や、いわゆる「白モノ家電」とよばれる冷蔵庫、洗濯機、エアコンなどの日用家庭電気製品の製造が、中国を始めとする東アジアや東南アジア諸国へと移ったのはこの例である。

　しかし、ここで重要な点は、単に労働力が安価であるという理由だけでは、垂直的トランスナショナル化は実現されない。現地法人の設立に関しての労働法、会社法、契約法などの法的制度の整備や、現地における労働力の質や既存の産業集積、産業インフラなども重要な進出条件となる。一方、進出先である受入国としては、膨大な直接投資をもたらし、雇用創出を実現し、併せて、進んだ技術の移転も期待されるトランスナショナル化のために、税制上の優遇措置や工業団地用地の造成、産業インフラに整備などに積極的に取り組み、経済特区などを設けて外国からの企業誘致に乗り出すことになる。しかし、一度、外国からの企業誘致が進み、関連産業が次々と進出してくるようになると、産業集積がもたらす集積の利益という外部経済効果が期待されるようになり、垂直的トランスナショナル化が自生的に展開するようになる。

　そして、この垂直的トランスナショナル化においては、生産される製品の多くは、いわゆる低技術の標準化製品であることが少なくない。この点については、本章の後半で取り上げることとしたい。

研究開発の効率化

　企業のトランスナショナル化を促進する第3の理由は、膨大な研究開発費を効率的に活用するとともに、研究開発に伴うリスクを軽減する為にトランスナショナル化を行う、というものである。多くの企業にとって、その競争優位性の根源は、新製品や新しいサービス、生産方法や販売方法における革新、すなわち、イノヴェーション（革新）力にあるといえよう。技術革新を始めとするイノヴェーションの加速化は、製品やサービス、生

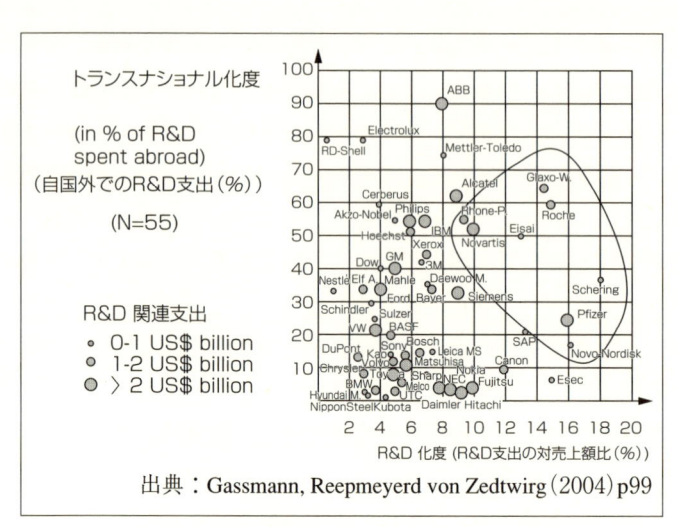

図4-3 研究開発とトランスナショナル化

出典：Gassmann, Reepmeyerd von Zedtwirg (2004) p99

産設備の陳腐化を促進する。膨大な設備投資とともに、企業は、一定期間内に、研究開発費用を回収しなければならない。こうした要請のもと、技術変化の激しい業種ほど、研究開発のリスク分散と先端技術へのキャッチアップを行う為に、外国の先端技術企業の立地する産業集積に現地法人を設立して、トランスナショナル化を行う。アメリカのシリコンヴァレーや、インドのバンガロールに進んで現地法人を設立する動きは、このようなトランスナショナル化の例である。

図4-3は、TNCにおける、研究開発とトランスナショナル化の関係について、どのような企業や産業がトランスナショナル化を推進しているのを表わしている。表の縦軸は、各企業の研究開発費のうち、どれだけの割合が自国以外で費やされているのか（トランスナショナル化軸）を表わしている。横軸は、各企業の売上総額に対する研究開発費の割合で、売上額に比した研究開発費用の相対的重要度（R&D化軸）を表わしている。この図からは、自動車産業は概して、売上総額に比する研究開発費用は相対的に少ないものの、GM社やFord社などは研究開発のトランスナショナル化は日本の自動車メーカーよりも進んでいる。

コンピュータなどのエレクトロニクス産業は、日本の企業の場合は、研究開発のトランスナショナル化は進んでいないものの、一般に、売上総額に比して研究開発費用は相対的に大きい。キャノン、富士通、日立などがそれらに当たる。一方、同じエレクトロニクスを中心とする企業でも、IBM、Philips、Xerox、などの各社は、日本の同業の企業に比べて、売上総額との比率ではそれほど研究開発費用は大きくないかわりに、研究開発のトランスナショナル化は進んでいる。

この図で最も特徴的な点は、対売上総額比率においても、研究開発のトランスナショナル化という点においても、最も突出している産業は製薬産業に属する企業であることである。そして、このことは、製薬ガリバーとも呼ばれる世界的な製薬企業のトランスナショナル化を表わしている。

4　トランスナショナル化の戦略行動

トランスナショナル化を遂行するために、TNCは、大きく分けて、次の4つの基本的戦略行動を採用する。

第1は、直接投資（FDI）である。直接投資には、製造業などに典型的である、①純粋現地法人の設立という戦略行動と、②企業合併や企業買収（M&A）といった戦略行動がある。前出のトヨタ自動車のアメリカ市場へのトランスナショナル化に際して、決定的に重要な課題は、いかにして強力な販売網を構築するのか、という課題であった。その課題の解決策として実施されたのは、アメリカ国内の既存のディーラー網を現地法人と合併したり、買収を行うことで、短時間の内に必要とされる販売網の拠点を確立することが可能となったことである。

第2は、有価証券投資（Portfolio Investments）とよばれる戦略行動で、進出先国の企業に対して、融資を行ったり資本提携を行う場合である。また、相手側の株式取得を行う場合もあるが、この場合には、企業の所有権や経営権の取得を目的とするものではないという点で、第1の直接投資とは区別される。

第3は、戦略的提携（Strategic Alliances）とよばれる戦略行動で、様々な

形態と内容による戦略的提携が考案され、実施されているが、大きく分けて、①先進的新技術や生産方法を獲得するため、②標的市場へのアクセスの獲得するために、③リスク分散や政治的リスクを回避するため、④異業種間の提携によって相互補完的に市場を囲い込むため、⑤持続的競争優位性を保持するため、そして、⑥将来における企業合併や企業買収の前段階として、などが考えられる。

第4は、知的財産権（Intellectual Property Rights：IPR）を梃子にする独占的競争戦略である。特許やブランド、商標登録（Trade Marks）、企業秘密などが知的財産として法律的に保護されているものの、自国以外において、この知的財産権の行使を認めさせ、知的財産から生まれる収益を確保する戦略行動である。この戦略においては、一方で、いかにして特許やブランドを確立するのかという戦略が取られ、他方では、いかにして、既に保持する知的財産権を守るのか、という攻撃と防御の双方の戦略が必要になる。

5　革新（Innovation）とTNCの展開

規模の経済性と革新の追求

これまでの企業経営とTNCの経営の相違点のなかでも最も大きな違いは、これまでの企業経営は、一国内の幾つかの事業所を統合的に経営し、国外との関係は総合商社や専門商社などが扱ってきたが、TNCの経営においては、自国外に現地法人を設立し、より競争優位性のある立地選択を行い、空間的に非常に拡散している生産・物流システムを一体的にマネージすることが求められる。これまでは、自社のある産業集積内の外部性を享受し、生産に必要とされる部品などの供給業者の多くは、同じ産業集積内に存在し、かつまた、製品の顧客の多くも自国内にあった。しかし、TNCは、極めて空間的に分散した供給チェーンを擁し、系列型の階層的で地域的に集中する供給業者ではなく、外注化も含む複雑で柔軟な供給システムを維持し、更新していかなければならない。顧客も空間的に非常に広範囲に分散化し、生産拠点と顧客の空間的距離を物流システムの効率化で克服しなければならない。

なぜ、このような空間的に拡散した、しかし、ネットワークで統合化されているような複雑なシステムを構築する必要があるのであろうか。その理由の1つは、既に述べてきた規模の経済性の追求である。しかし、それ以上に重要な理由は、企業活動にとって、革新（Innovation）のスピードと質にいかに対応するのか、ということが最重要課題となってきたことである。このことを別な形でいえば、競争の空間的舞台が急速に拡大し、自国内だけではなく、多様な競合相手との競争を行わなければならない。しかも、技術革新だけではなく、様々な革新がハイスピードで繰り広げられるようになると、革新への対応如何が企業の業績に瞬く間に現れてくることになる。

プロダクト・サイクルと多国籍化

この加速化する革新の波によって、売れる製品の寿命（Product Life Cycle）は、極めて短縮化され、設備投資と研究開発費の回収のためには、さらに複雑で空間的に拡散する生産ラインを構築し、規模の経済性を求めることになる。1960年代の多国籍企業の時代には、この製品の寿命というものによって、なぜ、多国籍企業が生まれるのかが説明されていた。

ヴァーノン（R. Vernon）のプロダクト・サイクル理論は、革新によって生まれた新製品は、まず、先進国市場において生産され、先進国市場で高価格で販売される。しかし、同じような製品を生産する競合他社が次々と参入することで、価格競争の段階に入り、新製品は急速に市場において普及を始め、先進国内市場における革新性が失われ始めるが、国外市場では革新性は大きく、輸出へ向けた生産が行われるようになる。

国外での市場において新製品が受容され、普及されるようになると、大量生産を行うために、国外に生産拠点が設けられ、国外市場へ向けた生産が拡大する。さらに、製品の成熟化に伴なって、国内生産は採算性の面で限界に達し、生産は停止され、国外生産の製品を輸入するようになる。このようにして、1つの革新的新製品は、国内から国外へと普及を続け、やがて、別の革新的新製品が新たなサイクルを開始することになる。ヴァーノンは、新製品の受容、普及の過程の幾つかの段階の1つとして国外にお

ける生産がなぜ起こるのか、すなわち、多国籍企業がなぜ生まれるのかを説明しようとした。

しかし、このプロダクト・サイクル理論は、2つの点で批判を受け、1980年代以降の、企業活動のトランスナショナル化の現実を説明することができないとされている。その理由として、第1に、この理論では、量産型の最終製品のみを対象としているが、既にみたとおり、現実の生産立地や貿易のパターンは、中間財や半製品の、生産や貿易が拡大し重要度を増している。第2に、多国籍企業の時代とは異なり、多くの途上国は、直接投資を積極的に受け入れることを通じて、生産技術の獲得や技術的自立化を目指している。

競争環境と相互啓発

1980年代以降の革新と国際分業の進展は、このような息の長い製品寿命では説明ができない。現在進行中の国際分業体制と革新との関係をみると、次のような点が重要である。まず、空間的に拡散したフラグメンテーションとサービス・リンクスによって、供給チェーンも空間的に拡散する。そして、この生産・物流システムによって生産される製品の多くは、標準化された、差別化されていない製品 (Standardized, Non-Differentiated Products) である。安価な労働力を求める垂直的トランスナショナル化の場合、その労働力が高い技能や開発力を持つことは、当初は、期待していなかった。

しかし、標準化された製品の生産は、一般に、その技術的水準の低さによって、比較的容易に新規参入者を生じさせる。新規参入が容易であることによって、競争は熾烈化する。その結果、供給チェーンにおいては、外注化が一層促進され、供給業者の生産費用は低減化する。そこまでであれば、TNC側には不利益はない。しかし、TNCは、別のTNCと競争している。そこで競合他社にはない、国際分業の利益を追求するとしたならば、空間的に拡散している供給業者との相互啓発と相互学習によって革新を誘発することが求められるようになる。一方、他国に展開する供給業者側では、労働費用の安売り競争ではなく、独自の技術やサービスの提供ということで発注者にアピールすることを目指す。ここに、一方向の指令・生

産・納品・販売という流れだけではなく、双方向の相互啓発による取引内容の更新、拡充という「革新」への動きが生まれることになる。すなわち、当初、垂直的トランスナショナル化を目指して国外に生産拠点を設立したTNCも、競争優位性を保つためには、進んで現地の供給業者とのコラボレーションを行うことが必要になってきているといえよう。

進化するTNC、学習するネットワーク

TNCは、単に、国際分業システムを構築し、安価な生産要素を活用して規模の経済性を追及しているのでない。そのような静的な経営では、企業内部における革新を誘発することは難しく、激しい今日によって早晩、淘汰されるであろう。1980年代には、このような単純な国際分業も存在していたが、しかし、国際分業の進展に伴なって生じてきた新たな産業集積の展開や、現地における供給業者などにおける高付加価値製品やサービスへの指向の変化によって、フラグメンテーションとサービス・リンクスはそれ自体が革新を生み出すようなダイナミックなものとなってきている。

現在、TNCの国外展開においては、投入要素の比較優位性だけではなく、空間的に拡散する国際分業システムそれ自体が、新たな革新や独自のサービスを生むものとすることや、独自のスキルや知識（Proprietary Knowledge）を所有することが重要になってきている。そのような動きをもたらしているものとして、デジタル化、モジュラー化、そして、ハイパー・モビリティという3つの基本動向がある。これらについては、次章において検討を加えることにする。

第5章
デジタル化／モジュラー化／
ハイパー・モビリティ

1 「デジタル化」革命とネットワーク化

「人間−機械系」から「人間−機械−人間系」へ

 第3期グローバリゼーションの波を特徴付けるものの第1は、情報通信技術（IT）と、それに基づくコミュニケーションの革新にあることには、恐らく異論はないであろう。

 1950年代から始まった半導体技術の革新は、情報のデジタル化と、コンピュータによる情報処理性能を飛躍的に増大化させた。その後、インテル社によって、演算装置と制御装置を1つのチップのなかに埋め込んだマイクロ・プロセッサが開発されると、コンピュータの性能の一層の向上が実現されるとともに、パソコンなどの高速化、小型化、低価格化が促された。このようなハードウェアの技術革新と並んで特筆すべきは、コンピュータを操作する上でのソフトウェアの進歩である。マイクロソフト社の基本ソフト（Operating Systems: OS）に基づくウィンドウズ・プログラムをはじめとする基本ソフトとアプリケーション・ソフトの開発によって、コンピュータの利用者は、技術者や一部のマニアなどの専門家だけでなく、広く一般の「素人」にまで急拡大していった。この間における技術革新の中心は、言わば、いかにして情報をデジタル化し、そのようなデジタル化された情報を操作し処理、利用するのか、ということであった。

 しかし、ここまでは、人間が、機械としてのコンピュータをいかに使うかという人間と機械によって構成される、ひとつの独立したシステムの話であり、コンピュータは便利な機械、高性能の計算機の域を出ないとも考

えられる。次の段階の技術的飛躍は、これらのコンピュータをいかに連結させるのか、すなわち、コンピュータにコミュニケーション機能を持たせることによって、膨大な情報を伝達し、蓄積し、検索し、共有するのか、ということであった。インターネットはそのような機能をもつシステムとして瞬く間に全世界に普及した。インターネットは、TCP/IP（Transmission Control Protocol/Internet Protocol）とよばれるデジタル化された通信手順（プロトコル）によって、カプセル化されたデジタルデータを、多様な通信機器の間で送信可能にするものであるが、それによって、個々の人間はもとより、企業を含む組織にとっての情報環境は劇的に一新されたのであった。このような、それ自体が独立した情報処理機能を持つ機器で、しかも、他の多数の情報処理機能を持つ機器と接続し、通信可能なようなシステムが登場することになったのである。そして、その情報通信端末には、パソコンを含む、いわゆるコンピュータだけではなく、携帯電話を始めとする多種多様なデジタル情報通信機器が製品化され普及していく。

そのようなシステムにおいては、もはや、情報通信機器そのものではなく、それらを含むネットワークそれ自体が情報通信の革新の中心になって行く。それ故に、そのような社会を、「（デジタル化）ネットワーク社会」とよぶ。

デジタル化と革新

情報処理や通信に一大革新をもたらしているデジタル化は、これまでの情報処理や通信の、形態や内容を根本的に変革してきた。どのような点で革新的であったかといえば、①大量の情報を処理し伝達できる、②高速で、瞬時に処理、伝達できる、③情報の内容が、処理過程や伝達過程で毀損される事なく、正確に処理、伝達される、④他の手段に比べて、相対的に安価に処理、伝達できる、⑤他の手段では不可能な、情報の加工可能性が高い、などの点が上げられよう。

デジタル化が、大量、高速、正確、安価、利便性の面で、情報処理に飛躍的な革新をもたらしたことは、経済活動全般に衝撃的な変革をもたらした。それは単なる１つの技術上の革新ではなく、生産される製品そのもの

の変革、そのような製品の生産過程の変革、さらには、生産組織や組織間の関係の変革を促すものであった。

　まず、生産物の革新という点では、コンピュータをはじめとする情報関連機器の製造は、それ自体が巨大な産業へと発展し、それとともに、自動車産業などのほかの製造業の生産にも影響を及ぼすこととなる。今や、電子制御のない自動車など考えられないほどに至っている。それとともに、卸売や小売などの商業・流通業、あるいは農業などの第1次産業にも革新的な変化を引き起こす。さらには、サービス産業にもインパクトを及ぼすが、その中でも、最も大きな衝撃を受けたのが、金融サービスであった（この点については本章の後段で詳述する）。

　それでは、生産過程に及ぼした影響についてみると、生産工程における操作や処理に情報機器が導入されることで、これまでの機械と労働力の結合によって成り立っていたシステムは、情報機器によって制御される「自動化」によって効率化が、一層、進展することになる。また、生産過程における設計機能は、デジタル化の下、**CAD**（Computer Assisted Design）などから始まる設計専用情報機器によって、仮想空間におけるシミュレーション（模擬実験）へと大きく変革される。現在、自動車の設計から巨大な航空機や高層建築物の設計に至るまで、情報機器によって設計デザインや設計計算が行われるようになっている。研究開発の領域においても、デジタル化のもたらす情報処理の利便性の向上や、ネットワーク化された研究開発拠点間のコラボレーションなど、研究開発時間の短縮化とコストの削減が行われている。研究開発と生産過程のコラボレーションは、もの造りの原点である設計のあり方や考え方（設計思想）までも変革してゆくことになる。

　このような製品や生産過程における革新は、当然、組織としての企業のあり方の変革を促す。第3章でもみたとおり、企業内分業は、情報通信革命によって、空間的な制約から解放され、ますます空間的に分散する可能性を増大し、フラグメンテーションによる国際分業へと展開を見せる。そ

れらの影響は、企業内関係だけではなく、供給業者をはじめとする、川上の企業間関係、流通業者や販売店、更には顧客といった川下の関係にも新しいネットワーク化が進むことになるまで及ぶようになる。さらに、こうした変化は、企業組織のあり方そのものの変革を迫る。かつて、コンピュータが実用化された際に、多くの企業は、「電算室」を設置することで対応したが、デジタル化によるネットワーク化の進展は、情報通信システムは付加的な1つの技術ではなく、経営そのもののあり方さえ根本的に変えてしまうほどのインパクトをもつものとなった。

2 「モジュラー化」のパラダイム

分業とモジュラー化

現代の国際分業の深化、すなわち、フラグメンテーションとサービス・リンクスのネットワークの拡大の起源は、遠く、アダム・スミスの分業論にまで遡ることができる（第3章を参照）。アダム・スミスは、生産力を飛躍的に増大させる仕組みとして、製造工程間の分業が生産性を高めることを実証的に説明し、大量生産への道を指し示した。

ある製造物を生産するときに、その製造工程をいくつかの、半ば独立した工程に分割し、各々の工程を専門的に受け持つ職人が、専門特化した作業に従事すると、1人の職人が始めから最終工程まで作業する場合に比べて何十倍も効率が良くなるというのが、アダム・スミスの生産における革新の理論である。アダム・スミスの取り上げた例は、金属加工における「ピン」の事例であるが、分業の論理は、産業革命当時の先導産業であった綿工業に瞬く間に採用され、何万本もの紡錘を動かす大紡績工場がいくつも出現することになる。しかし、こうした古典的ともいえる分業形態と、本節で取り上げるモジュラー化との最も大きな相違点は、現代のモジュラー化は、「デジタル化」革命を前提としている点である。

現代の工業製品の大半は、非常に多くの部品からなる複雑な機能と構造をもっているが、このような複雑なシステムによって構成される製品を生

産するにあたっては、製品に期待される性能を実現するために、いかに効率よく製造するのかということが重要になる。そこで、一見複雑なシステムである製品の構造を、幾つかの相対的に独立していると看做せるユニットの分割し、それぞれのユニット毎に開発や製造を行えば、全体としての開発や製造の効率が増すものと考えられる。問題は、いかにして、相互に関連しあっている複雑なシステムを、いくつかの、半ば独立したサブ・システムに切り分けることができるかどうか、ということになる。

　このようにして切り分けられたサブ・システムのことを、「モジュール（Module）」とよぶ。具体的なイメージとしては、組み立て家具などの部品ユニットのことを思い浮かべればよいかもしれない。そして、「モジュラー化」とは、一般に、「ある１つの複雑なシステムやプロセスを、一定の連結ルールに基づいて、半自律的なサブ・システムに分解すること」である。例に従えば、完成品としての組立て家具が、ある１つの複雑なシステムということであるならば、初めはバラバラになっている部品ユニットがモジュールである。そして、どのように組み立てればいいのかという作業マニュアルが、一定の連結ルール、ということになる。　同じことを、別な表現をすれば、モジュールとは、「半自律的なユニットであって、他のユニットと、一定のルールに基づいて連結することによって、ある１つの、前よりも複雑なシステムを構成するもの」、といえよう。

　ここで大切なことは、モジュールとは、ある特定の製品のことを意味するのではなく、１つのシステムを構成するサブ・システムであるという点である。コンピュータそれ自体も、複雑なシステムであり、記憶装置、演算装置、制御装置などの幾つかのサブ・システムによって構成されている。しかし同時に、コンピュータは、銀行のATMシステムというシステムを構成しているユニットでもある。それ故、大事なのは、何をシステムであるのかとみなすのか（レファレンス・システムの識別と同定）、そして、それを構成するサブ・システムとは何か（サブ・システムへの分割）ということになる。

『デザイン・ルール』にみる「モジュラー化」の考え方

それでは、なぜ、このモジュラー化が重要になるかといえば、現代の工業製品の多くは非常に複雑なシステムとなっていること、そして、工業製品にかかわる技術革新のスピードが加速化しているので、開発から製造、そして販売にいたる時間的競争が激化しているためである。どのように優れた製品であっても、市場競争に出遅れたら投資の回収は困難となる。第3章で取り上げたデルコンピューター社の急速な成長の背後には、1980年代からのパソコンのサブ・システムにおける互換性や拡張性の増大ということがあった。サブ・システムの互換性や拡張性があれば、パソコン全体の設計から始めるのではなく、顧客が要求する機能だけをアップ・グレードすることも可能となる。そして、このモジュラー化の考え方は、同じ、コンピュータに関連する設計への革新的アプローチから生まれ出たものである。

1960年代から始まった大型コンピュータの設計・製造においてIBM社は圧倒的競争力を保持していたが、その製品のなかでも代表的大型コンピュータが、1964年に発表されたIBM／360であった。この機種は最初のモジュール型メイン・フレームといわれる。この機種の設計・製造過程を詳細に分析し、いかにモジュラー化が、大型コンピュータというシステムの複雑性を処理する上で重要であったのかを分析したのが、ハーバード大学ビジネス・スクールのキム・クラーク（Kim Clark）学長とカーリス・ボールドウィン（Carliss Baldwin）の両教授であった。

クラークとボールドウィンは、『デザイン・ルール』（*Design Rules: The Power of Modularity*, 2000）のなかで、コンピュータの各部品間の相互依存関係をマトリックスの形で詳細に記述し、そのマトリックスにマッピングされた相互関係の中から、内部の相互依存関係が強く、しかも、外部とは相対的に独立しているような、幾つかのユニットに全体のマトリックスを切り分けることができることを見出した。この相対的に独立したユニットが、モジュールである。そこから、複雑なシステムの設計者は、部品間の相互依存関係から、モジュールを見出し、これらのモジュールを階層的に

積み上げることによって全体的なシステムの統合を行うことであるという命題を引き出した。そして、この階層的な積み上げにとって重要なのが、どのようにモジュール間のインターフェースを設計するのか、ということになる。すなわち、複雑なシステムを設計する上で重要なのは、全体を統合し、求められる製品のパーフォーマンスを実現するような、包括的なデザイン・ルールを決めることと、各モジュール間のインターフェースを設計することとなる。これらを通じて、複雑なシステムは、多数の部品間の相互依存関係が複雑に絡み合い、それらをそのまま統合化する一極集中型から、モジュールごとに最適化を行う、独立し、独自に進化するサブ・システムからなる分散型システムへと転換することが可能となったのである。クラークとボールドウィン（Clark and Baldwin 2000, pp236-237）は、次のようにいっている。

「一般に、相互に複雑に絡み合っているようなデザイン過程は、1つのオプションしかもたらさない。つまり、そのプロセスの結果を採用するか、しないか、というオプションのみである。これに対して、モジュラー化のデザイン過程においては、多数のオプションが生み出される。モジュラー化のデザイン過程においては、すべてか無か、というようなアプローチをする必要はなく、システム全体のデザイン・ルールに適合してさえいれば、各モジュールを入れ替えたり、より適格なものを選ぶことができる。…（中略）… 言い換えれば、モジュラー化は、デザインにおけるオプションを増大させる、といえる。…（中略）… さらに比喩的にいえば、モジュラー化は、デザインにおけるオプションを、いわば中心的なものから周辺的なものへと変化させ、オプション自体を分散化（Decentralize）させる。…（中略）…それぞれのモジュールは、上手くいくか、そうではないか、あるいは存続できるか、捨て去られてしまうかは、それぞれの性能によって決まる。つまり、各モジュールのもっている価値は、システム全体の中のどこか遠いところにある要素に束縛されることは最早ないのである。その結果、各モジュールは、独立した、選択の対象となるとともに、それ自体が、潜在的価値創造の源泉ともなる。」

```
モジュラー化前の        モジュラー化後の
   システム              システム

   ┌─────────┐       ┌─────────────┐
   │ システム │       │ デザインルール│
   │ オプション│       └─────────────┘
   └─────────┘     オプション  オプション
                    オプション  オプション
                         オプション
```

出典：Clark and Baldwin 2000, p273

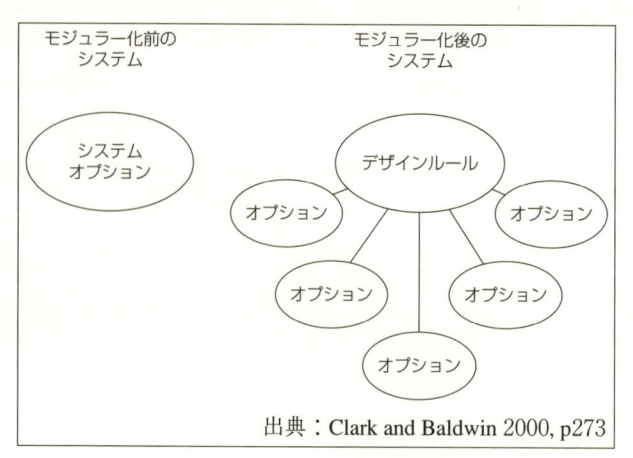

図5-1　モジュラー化が選択肢を生む

　このように、モジュラー化が何故重要であるのかといえば、全体の包括的デザイン（これを、アーキテクチャとよぶ）の下で、各モジュールの開発が分散化して独立して行えるようになり、他のモジュールの開発との調整なしに行うことができるようになる。これは時間の短縮化と同時に、全体システムの信頼性を損なうことなく、柔軟性をもたらし、さらに、技術革新や市場動向に伴なう不確実性やリスクにも対応できるようになる。このことを別の表現で表わせば、図5-1にあるように、モジュラー化を通じて、システムは多数のオプションから構成されるものとなる。つまり、各モジュールでの開発の結果を評価しながら、各モジュールの新成果を採用するのか、従来のモジュールを存続させるのか、というオプションが生まれることになり、開発成果の部分的「差し替え」による改善が容易になる。

生産過程のモジュラー化

　このようなモジュラー化は、製品の開発や設計にとどまるものではない。半自律的なサブ・システムの切り分けによって、半自律化した製造工程による生産が可能となる。図5-2は、モジュラー化以前の生産工程と、モジュラー化された生産工程を対比したものである。

　図の右側は、上下の両図とも、製品構造の階層性を表している。非モジ

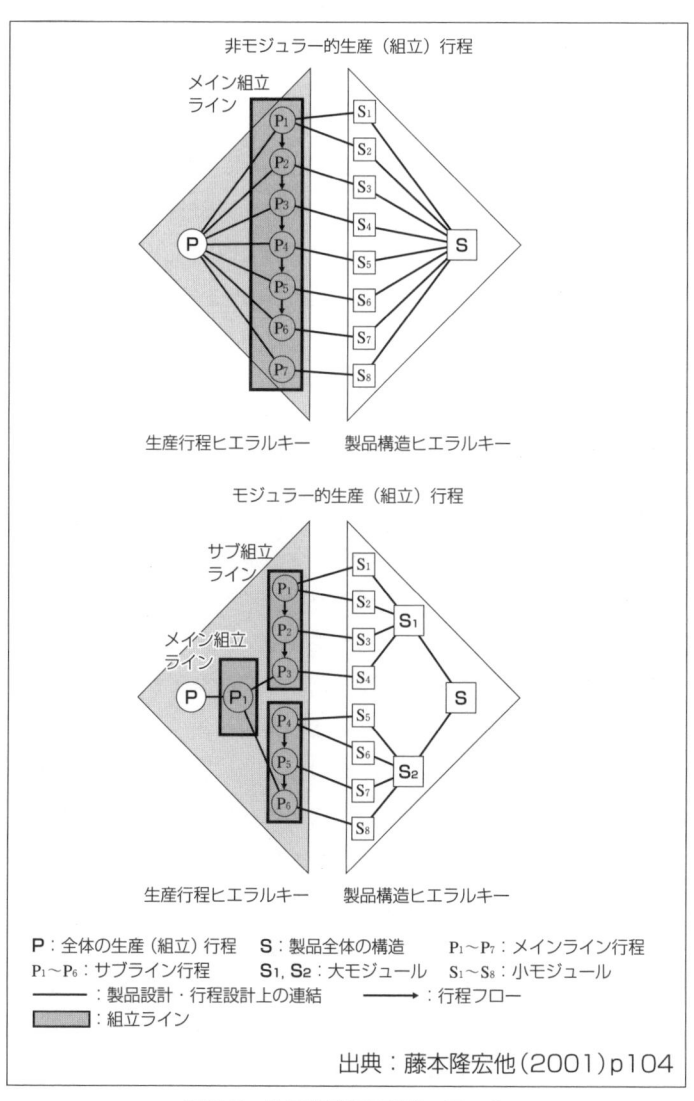

図5-2 生産過程のモジュラー化

ュラー化の場合には、S_1からS_8までの部分構造は、**S**という全体の製品構造に、それぞれ直結している。しかし、モジュラー化された製品構造においては、S_1からS_4までの部分構造は、S_1という大モジュールに直結し

てはいるものの、全体の製品構造 S には間接的つながっているに過ぎない。いってみれば、S という製品構造は、モジュラー化されると、S_1 と S_2 というサブ・システムに大きく切り分けられ、それらのサブ・システムが、個々の S_1 から S_8 までの部分構造を統括しているという構造に変換する。開発段階では、これらの大モジュール毎に開発が可能となるのと同様に、図の左側では、製品構造に対応した形での生産工程が表されている。非モジュラー的生産工程においては、P_1 から P_7 までの生産工程が、順次、次の工程へと流れ作業のごとく進んでゆく。しかし、モジュラー化された生産工程では、P_1 から P_3 までの一連の生産工程は、P_4 から P_6 までの一連の生産工程とは分離独立されていて、それぞれ無関係に生産が可能なようになっている。P_3 と P_6 からの各サブ工程の半製品は、P_1 というメインライン工程によって初めて関連性をもつことになる。P_3 と P_6 が P_1 というメインライン工程でうまく接続できるかどうかは、当初における、インターフェースがどれだけ上手く設計されているかによる。

非モジュラー的生産工程では、P_1 から P_7 までのすべてのサブライン工程は互いに依存しあう形で編成されているが、モジュラー化された生産工程では、各々のサブ工程ブロック内では依存しあっているものの、サブ工程ブロック間には直接的な依存関係が存在していない。

この図から分かることの1つは、モジュラー化された生産工程内の3つのサブ・ブロック、すなわち、2つのサブ工程ラインと1つのメイン組み立てラインは、同一の場所に立地する必要性はないということである。2つのサブ工程ラインは互いに依存することなく、別々の場所で生産を行うことが可能である。しかし、非モジュラー的生産工程においては、メイン組み立てラインは長く、しかも互いに依存関係にあるので、同一の場所ないしは同一産業集積内でしか生産が効率的には行われない。

ここから、製品構造のモジュラー化は、モジュールごとの開発を促すばかりではなく、生産工程のモジュラー化と、生産工程の細分化、すなわち、フラグメンテーションを引き起こす。そして、もし、輸送費や異なる制度間取引によって生じる費用が充分に小さければ、そして、投入要素費用、例えば、労働費用が充分に低減化できるとすれば、モジュラー化によって

国際分業が促進されることになる。それだけではない。製品の開発段階の当初から、予めフラグメンテーションを前提としたような製品設計が行われるようになったとしても不思議ではない。当初より、モジュラー化された製品構造をもっている製品を設計することで、複数に分割されモジュラー化された製造工程を、同時に、しかも、空間的に分散して操業することは、規模の経済性を追及できるばかりか、より短時間で、研究開発費用を回収することを可能にする。また、企業内組織もこうしたモジュラー化に対応する形で編成されなおすことも行われるが、企業間関係においても、取引関係のいわば「モジュラー化」が起こり、外注化（アウト・ソーシング）が活発に行われ、それが主流になることも珍しくない。その結果、情報通信機器（例えば、PC）のような分野の生産においてはモジュラー化が進展しやすく、他方、モジュラー化がそれほど容易ではない自動車産業などでは系列化が存続することになる。

技術革新のスピードや、市場における新製品の投入頻度や嗜好の変化といった不確実性に対応するためには、モジュラー化は有効な手段となりうるのである。

3 ハイパー・モビリティとハイパー・マネー

情報と金融サービス業

デジタル化と、それに基づくネットワーク化、そして、モジュラー化によって、経済活動は空間的に分散化と、ネットワーク・システムの制御・統合化による集中化とが同時にみられるようになって、トランスナショナル化の時代を迎える。この情報通信における革新の影響を最も強く受けた産業の1つは、金融サービスの分野であった。

金融とは、もともと、資金を提供する側と、資金を必要とする側を仲介することにあり、その業務の大半が、資金そのものについてと、資金の提供者と利用者に関する情報（銀行でいえば、預金者と融資先の情報）の蓄積と処理であるところの「情報産業」であるといえよう。その情報産業である金融が、情報通信革命の衝撃を受けたとしても当然のことといえる。最

初に眼に見える形で、情報通信の革新が金融に影響を及ぼし始めたのは、金融機関内の情報処理に大型コンピュータが利用され始めたことや、顧客の入出金管理がATMマシーンなどによって機械化されることによってであった。しかし、このような、既存のシステムを、コンピュータの活用によって合理化し効率化するというのは、トランスナショナル化の時代における金融の変革にとっては、ほんの入り口にすぎなかった。

モジュラー化とアンバンドリング

情報通信革命が始まった1980年代に金融サービス業が直面していた現実は、製造業の構造転換はもとより、小売業や卸売業などの商業・流通業における新しい業態や業種の出現、多様な企業のトランスナショナル化、既存産業の衰退化、そして、消費社会の高度化、特に金融に関しては、企業や家計における金利選好の変化など、これまでにない事業環境の構造的な変化であった。そして、このような変化は、金融サービス業の取り扱う情報の量と質の両面で大きな変化を伴なうものであった。同時にまた、金融サービスに関する自由化、規制緩和といった制度的変革も急速に展開していた。

こうした中、金融サービス業における革新の第1は、業務プロセスの流れの見直し、分解、再編であった。とりわけ、先端的な情報通信技術の成果を取り入れるためには、どのような業務プロセスの流れを構築し、その中で、どの部分を外部委託（アウト・ソーシング）するのか、という問題が取り組まれるようになる。すなわち、業務プロセスにおけるモジュラー化を基礎に、外部の情報通信専門業者（ITベンダ）との分業が行われるようになる。情報通信革命の結果、金融サービス業は、情報産業であるとともに、膨大なIT投資を必要とする装置産業化することとなり、この情報装置産業化が、金融サービス業における規模の経済性の追求を促進し、大型の金融機関の間における合併や買収（M&A）が促されることになる。

第2の変革は、制度の規制緩和によって、金融サービス業内の多様なサービス間の仕切りが低くなる、あるいは撤廃されるという変化である。

銀行、証券、保険などの垣根が低くなり、総合金融グループが生まれることになる。シティ・バンクを中心とするアメリカのシティ・グループはその典型であった。このような異業種間の相互乗り入れは、第1の業務のモジュラー化を一層促し、各モジュールの専門化が進展するようになり、モジュールの一部が独立した企業となることも起こってくる。ノンバンクの消費者金融サービスや、クレジット会社の債権回収業務は、サービシングという専門会社によって行われるようになったり、企業や個人の信用情報を専門に扱い、取引リスクを評価する格付け企業などが独立するようになり、業界内横断的に活用されるようになる。

このような、業務プロセスの再編や金融業界の再編において、これまで、業務内容をひとまとめにして縛ってきた拘束が解消するという意味で、アンバンドリング（Unbandling）とよばれる。既にみたとおり、このアンバンドリングは、1つの金融機関であれ、金融業界であれ、それぞれのシステムのモジュラー化によって促進されてきたことは当然のことといえよう。

第3の変革は、包括的なリスク管理の手法における革新である。それは、金融工学とよばれる、統計的手法を用いたリスクの計算と、それに基づくリスク・マネジメントの手法である。このモデルを利用するには、大量のデータを極めて短時間に処理できるようなコンピュータのシステムが必要であり、情報通信技術の革新によってもたらされたものである。この包括的リスク管理の手法によって、従来には存在しなかったような金融商品の開発が行われるようになり、金融派生商品（デリバティブ）が組成され、取引されるようになる。金融派生商品とは、株式、債券、外国為替などといった従来から存在してきた金融商品の受け渡しや売買に関する権利・義務を表示したもので、このような旧来の金融商品に伏在するリスクを、リスク負担を行う意思のある者に移転するという機能を持つ新商品である。旧来型の金融商品を原資産とよぶが、この原資産の価値に、新商品すなわちデリバティブ（金融派生商品）の価格や価値が依存していることから、派生商品（Derivatives）とよばれ、先物、先渡し、スワップ、オプションといった取引を商品化したものがある。こうした派生商品を中心に、借入

によって自己資金の何倍もの巨額な投機的取引を行うのがヘッジ・ファンドである。

　第4の変革は、第3の変革と密接に関連する、証券化（Securitization）ということである。既に、第1章の金融革命の節でもみたとおり、企業や個人が保有する特定の資産を担保にして証券を発行することを「証券化」とよぶが、多くの資産は、現実に一定のキャシュ・フローを生むものであることによって担保価値をもつものといえる。近時、問題となっている住宅ローンの場合には、長期間に及ぶ、元金と利子の返済というキャシュ・フローが生じるものと見なされるゆえに、住宅ローン融資の債権が証券化されるのである。
　そして、証券化そのものも、モジュラー化による、リスクとリターンの、移転と分散の方法であるといえる。また、証券化は、金融サービスにおける相対取引に伴なう取引コストを削減し、市場化を促すという意味では、これもまたアンバンドリングの一形態である。

　ハイパー・モバイル・マネー
　以上のような金融に関する変革の中から、世界中の投資家から資金を集め、運用する投資銀行やヘッジ・ファンドがトランスナショナル化する世界の寵児として脚光を集めるようになってきた。投資ファンドの中には、長期的な観点から実体経済や経営実績に基づいて投資を行うものも少なくないが、中には、極めて投機的な資金運用を行うものもある。こうした投機的な投資ファンドや投資銀行は、世界中に張り巡らせた情報網と金融工学のモデルに基づく計算によって、自己資本を遥かに上回る借入金によって膨らませた（これを、テコの原理に擬えてレバレッジをきかす、という）巨額の資金を運用している。その典型的な例は、裁定取引とよばれるもので、異なる市場において一時的に発生する同一商品における価格差や、異なる金融市場において一時的に発生する同一通貨の差額を利用して、安く買って、高く売る、あるいは、高く売って、安く買い戻す、という取引を繰り返すことによって利ザヤを稼ぐことを行っている。いわば、一物一価の法

則による価格の調整過程そのものの極わずかの時間の中で利益を確定するやり方である。その運用方法に特徴的なことは、極めて短期間に繰り返し資金を移動させることにあるが、これはデジタル化による情報ならびに資金の移動コストが極めて低減化したことによる。しかも、短期に集中的に買いを入れたり、逆に、一気に売り浴びせたりすることも珍しくない。逃げ足の速いのも特徴的である。実際に、1997年のタイの通貨危機に際しては、それまでの期間におけるバンコックを中心にする不動産バブルに巨額の投資を続けていたファンド資金が、一気にタイ・バーツを売り浴びせて資金を引き上げたことが、その後のアジア各国における通貨危機を招く要因となった。また、翌年の、ロシアの国債の不良債権化の懸念が生じた際、アメリカでも有数な投資ファンドのLTCM（Long Term Capital Management）社は、資金の引き上げに失敗して巨額の負債を抱え込んで破綻した。しかし、こうした事例では、一時的かつ局所的な経済破綻や混乱が生じたが、世界的金融危機にまでは至らなかった。それでは何故、金融革命以降の金融のトランスナショナル化が、何故、2007年に始まったアメリカのサブプライム・ローン問題に起因する金融危機という形にまで至ることになったのであろうか。この点について最後に触れることにする。

4　サブプライム・ローンとハイパー・マネーの世界

　第1章の中でも指摘されている通り、「この金融危機の勃発とその激震の伝播の過程そのものが、第3期グローバリゼーションの本質を端無くも露呈するものであったとみられる」のは、その危機的状況の伝播の過程そのものに、これまでの歴史的な「バブルの形成と崩壊」のプロセスとは異なる要因が存在し、そのような要因そのものが、トランスナショナル化する世界の中から生まれ出てきたものに他ならないからである。ここでは、サブプライム・ローン問題そのものについて詳細に分析することを主眼に置くものではなく、あくまで、トランスナショナル化する世界とは、どのような世界なのかを示す例として取り上げることにする。

　しかし、それにしても、アメリカの住宅ローンといえば、アメリカの住

宅取得者の抱えるローン返済という極めてローカルで、世界全体の経済から見れば局所的な問題にすぎないものが、何故、世界的な金融危機の引き金となり、不沈戦艦とも思われていた世界的な金融機関が次々と破綻寸前に追い込まれ、各国政府は巨額の税金を注入してまでも救済に乗り出すことになったのであろうか。また、銀行などの融資においては、貸し倒れ引当金を積むことによって、融資物件の担保が不良債権化するリスクを一定限度内に押さえることが行われているはずなのに、何故、サブプライム・ローンの場合は、その損失が燎原の火のように燃え広がったのであろうか。そして、金融とは直接関係のない、日本やその他の国における製造業や商業が経営不振に陥り、赤字に転落し、雇用を削減し、設備投資を見直すことになるのか。

　こうした疑問を解き明かそうとすると、2007年から始まる金融危機と、世界規模における経済不況の拡散のプロセスには、いくつかの異なる要因と異なる主役達が存在していることが浮かび上がってくる。以下は、その要約である。

　実際には、アメリカのサブプライム・ローン問題は、2004年以降、顕在化しつつあった。危機のまず第1段階は、アメリカの住宅ローン市場における異変である。そして、第2段階は、アメリカの住宅ローンの証券化に関する問題である。そして、第3段階は、証券化に伴なうリスク・ヘッジとしての金融派生商品に絡む問題である。そして、第4段階は、信用収縮に伴う金融危機と、世界経済への波及の問題である。危機は、初めの極めて局所的な問題から、地球規模の問題へと瞬く間に、トランスナショナルに共振し、拡散し、伝播していったものとみられる。

第1段階：アメリカの住宅ローン市場における異変

　人口増大と過剰消費に沸くアメリカ経済にあって、1990年代後半から空前の住宅ブームが拡がり、住宅価格の上昇によるバブルが発生した。バブルの影響で、信用力の低い人々に対する住宅ローンも、担保物件としての住宅価格の上昇により拡大した。しかし、全米の総住宅ローンに占める

サブプライム・ローンの総額は相対的に小さなものでしかなかったが、2003年をピークに住宅価格が天井を打つと、もともと収入の少ないサブプライム・ローンの借り手にはローン返済が滞るものが増加し始める。返済不能のデフォルトの増加は、中古住宅市場への差押え物件の流入により、さらに住宅価格を押し下げることになる。

第2段階：住宅ローンの証券化による問題

住宅バブルは、住宅価格の上昇を前提に成り立っていたが、このバブルを膨らませていたのが、住宅ローンの貸し手であるモーゲージ・バンクや銀行などであった。もともと自己資本がそれほど大きくないこれらの貸し手が、次々と住宅ローンを供給できたのは、住宅ローン債権（モーゲージ）を、大手金融機関や、政府支援事業体である住宅金融公社のファニーメイやフレディマックに売却し、新たな住宅ローン資金を手にすることができたからである。一方、住宅ローン債権を買い上げた大手金融機関や住宅金融公社は、集めた膨大なローン債権を束ねて、これを証券化し、不動産担保証券（Mortgage Backed Securities：MBS）として、アメリカを始めとする世界中の金融機関に販売した。そして、販売された不動産担保証券の中には、不良債権化したサブプライム・ローン債権も含まれていたが、当初は、それらの不良債権化のリスクは計算され管理されていた。また、これらの不動産担保証券を基に、金融工学を駆使して、投資家のニーズにあった第2次証券化商品を組成し販売することも行われた。しかし、住宅バブルが崩壊し、サブプライム・ローンの不良債権化が急速に拡大すると、不動産担保証券は、売りが売りを呼び、価格が急速に低下し、証券を保有する投資家や金融機関には損失が生じることとなった。特に、金融機関や投資ファンドの中には、借入を繰り返すことでレバレッジを効かせて、自己資本の何十倍もの額に及ぶ証券を保有するものもいたが、それだけ、損失も巨大化したのは当然である。

この結果、サブプライム・ローン問題は、アメリカの住宅ローンにおける不良債権化の問題から、そのような住宅ローン債権を基に組成された不動産担保証券の保有者へと拡散し、世界各地の投資家や金融機関へと移転

することになる。また、このような状況によって、住宅ローン債権の証券化そのものが滞るようになると、住宅ローンの貸し手であるモーゲージ・バンクや地方銀行は資金繰りに窮し、破綻するものも現われる。

第3段階：リスク・ヘッジとしてのデリバティブに絡む問題

証券化は、リスクを分散し、原資産のもつ収益性を活かしながら、様々な形の商品を組成することのできる柔軟な金融手段である。いわば、モジュラー化しやすい金融商品ともいえる。しかし、原資産について回るリスクそのものを完全に消去することはできない。そこで証券を大量に保有する金融機関では、リスク・ヘッジを行うために、保有する証券の信用（Credit）に対する保険を掛けることになる。これもまた、金融工学を用いて組成された金融派生商品の1つであり、保険会社などによって販売されるもので、一定の保険料の対価として、一定期限内に、保有する証券がデフォルト（債務不履行）した場合には、証券の全額を補償するというもので、クレジット・デフォルト・スワップ（CDS）とよばれるものである。これは、一種の金融資産に対する損害保険ともいえるものであるが、多くの金融機関が大量の不動産担保証券を抱えている中で、証券の急激な価格の下落と、金融機関の経営悪化や破綻が底なしに続くようになると、CDSを販売していた金融機関は一気に保険契約者への補償に追い込まれ、莫大な損失を蒙ることになる。2007年末時点でのCDSの想定元本は約60兆ドル（約6000兆円）にも及んでいた。この額は、全米の住宅ローン残高11兆2000億ドルの5倍以上、問題となってきたサブプライム・ローン残高の推定1兆5000億ドルの40倍にもあたるもので、もはや問題は「住宅ローン」の域をはるかに超えた金融それ自体の問題であることが明らかになってくる。

事態の深刻化とともに、巨大金融機関とそのビジネスモデルが危機にさらされるようになり、多額の損失を計上する巨大金融機関においては、損失額を確定できないまま、状況の悪化によって、更に負債が増大するという負のスパイラルを転げ落ちてゆくことになった。ここに至り、問題は世界的な拡がりをみせるようになり、世界各国政府と中央銀行は、主要金融

機関の救済と、金融危機打開のための国際協調へと乗り出すことになった。

第4段階：信用収縮に伴う金融危機と世界同時不況への問題

金融機関における巨額の損失は、自己資本を大幅に毀損することとなり、余力のある金融機関による企業合併や企業買収（M&A）が行われるとともに、自己資本の補填のために一斉にポートフォリオ投資を回収することになる。株式や債券の市場では、売りが売りをよび、株価は暴落を続けている。そのことが、また、資本の毀損に拍車を掛けることになる。その結果、一般の企業融資はもとより、金融機関同士の間における資金のやり繰りにも支障が出始め、公的資金の注入を急がせることになる。膨大に膨れ上がっていた信用が、瞬く間に、収縮し、金融機能不全が現実化する。こうなると、その影響は実体経済にも及び始め、金融以外の企業も、資金繰りに窮するようになり、設備投資は大幅に見直され、景気は更に後退し、需要は落ち込み、有力企業ですら業績悪化による赤字転落となる。この段階になると、世界の金融業における問題から、世界のあらゆる経済活動全般における問題へと転化するようになる。

3つの教訓

以上みてきたように、サブプライム・ローン問題に端を発する世界的金融危機には、いくつかの質の異なる問題が、あたかも連鎖反応を引き起こしたかのような経緯をたどっていることが分かる。この現在進行形（2009年春時点）の自体から得られる教訓には、少なくとも以下の3つがある。

第1は、金融サービスに欠かせない情報の質とモラル・ハザード（倫理性の欠如）の問題である。最初の出発点としては、サブプライム・ローンの審査が極めて杜撰であったこと、そして、その背景として、アメリカ社会における過剰消費と、住宅バブルによる住宅価格の高騰がある。恒常的な貿易赤字と直接投資による国外からの資本収支の黒字によって、アメリカ経済には、世界の資金が流入する構造が維持されてきた。基軸通貨としてのドルの強みもこれを助長してきた。その結果、流入した資金は投資や投機の機会を生み出し、それが住宅バブルへと発展してきた。住宅価格と

いえども無限に上がり続けることは不可能であることは誰にでも分かるが、にもかかわらず、目先の手数料の獲得を目指して、借り手の返済能力や信用を無視して、ローンが、いわば「ねずみ講」のように組まれたことが問題の発端である。

　しかし、それを助長したのが、証券化という方法で、住宅ローンの場合には、政府支援事業体の住宅金融公社の暗黙の保証がついているとされ、債券の信用格付けも特段に優良とされてきたことが、2番目の情報の質とモラル・ハザードの問題である。その結果、問題は、世界中の金融機関や投資家に拡散した。さらに、こうした不動産担保証券の中身に関する情報の質が劣悪であったため、パニック売りを阻止できなかったことが、一気に金融危機を招くこととなった。また、保有する証券の債務不履行化へのリスク・ヘッジとしてのCDSが巨額に上り、一度、少数の金融機関が破綻すると、次々と信用リスクが拡大、拡散し、世界的な巨大金融機関すら破綻寸前まで追い込まれることになった。レバレッジ（借入を梃子にする投機的運用）と金融派生商品が、危機を増幅していったといえる。しかし、巨大金融機関ですら、自社の想定される損失額を確定することが困難であったほど、情報の質が劣化していたことと、リスク管理におけるモラル・ハザードの存在は否めない。

　第2には、世界的金融危機の共振、拡散、伝播の過程をみると、それがまさに革新（Innovation）のプロセスと相似形であることが分かる。革新には、基本的に3つのステップがある。第1に、発明（Invention）、そして、第2に、商品化（Merchandization）、そして、第3に、伝播（Diffusion）、である。あらゆる分野の画期的商品は、このようなプロセスを経て拡散し、伝播していく。

　今回の金融危機も同様に、まず、金融工学によるリスク計算と管理と、それに基づく金融派生商品の組成方法いう発明があった。この発明を利用して商品化されたものに、不動産担保証券や、CDSというデフォルト保険がある。このような金融商品は、様々な原資産の組み合わせによって、ハイリスク・ハイリターンなものからローリスク・ローリターンなものま

で、柔軟に組成することができる、金融モジュラー化商品である。この金融モジュラー化商品は、世界中の金融機関や投資家に販売され、伝播されていった。この伝播過程で重要なのは、流行や新製品の伝播と異なり、デジタル化によって、極めて短時間に拡散し、一度、この普及メカニズムが逆回転すると、瞬く間に、パニック状態になるという点である。しかも、世界各地に分散しているように見える金融機関や投資家も、限られた情報の中で、共振し合い、正のフィードバックが負のスパイラルを現実のものとする。世界の資金が、眼に見えないネットワークで結ばれていることが実感されるのである。これが、トランスナショナル化する世界の一面であろう。

　第3の教訓は、1980年代以降の金融革命によって台頭してきた、トランスナショナルな金融機関の主要プレーヤーの大半は、今回の金融危機によって凋落、退場していったが、金融革命によって生まれた金融イノヴェーションの代表である金融派生商品や、証券化や再証券化の技術には特段の問題があるわけではない、ということである。それでは、一体何が問題であったのであろうか。先にも、こうした金融イノヴェーションで商品化されたものは、金融モジュラー化商品であるとしたが、金融派生商品であるデリバティブは、原資産の集合の部分集合としての、あるモジュール内における最適化を金融工学の技法を駆使して計算することによって組成される。しかし、今回明らかになった点は、様々なモジュールから構成される金融システム全体を統合化するデザイン・ルールの設計が存在しなかったことと、各モジュール間におけるインターフェースが、システム崩壊やシステム毀損のリスクに対応して、発生した問題が、モジュール間を移転し、共振することを遮断するという機能を充分に発揮できるようなものではなかったこと、が挙げられる。すなわち、今後の課題として、各モジュールの最適化の自由を保障しながら、全体システムの設計をやり直し、システム崩壊を回避するような負のフィードバックをシステムに取り込むことであろう。

イギリスの政治経済学者スーザン・ストレンジ（Susan Strange）は、金融革命以降の経済システムのことを、「カジノ資本主義（Casino Capitalism）」と呼んだ。その予測は、不幸にも現実のものとなった。しかし、カジノが閉鎖された訳ではない。このカジノに深く関わってきた、トランスナショナル経済を支えている、もう1人の重要なプレーヤーであるプロフェッショナル・サービスについて、次章では検討する。

第6章
サービス投入の増大と
プロフェッショナル・サービス

1 サービス投入の増大と拡大するサービス貿易

　経済活動のトランスナショナル化の進展は、生産物や生産工程のモジュラー化を促進し、空間的に分散した生産システムを統合する物流と情報のネットワークの重要性を増大させる。また、革新（イノヴェーション）のスピードの増加（裏返せば、既存の製品の陳腐化の速度の増大）や、新規参入障壁の低下などによって、企業の直面する競争環境は厳しいものとなる。より新規性の高い、よりニーズに応える、より安価な製品を、より速く提供することが求められるようになる。このような競争条件の下で、製造業に限らず、あらゆる産業において、生産と販売におけるサービス投入は増大している。情報技術関連のベンチャー企業の集積するシリコンヴァレーにおいても、事業所数や従業員数という点では、サービス関連の企業が最大であることは、このことを裏付けるものといえよう。

生産に関わる4つのサービス
　サービスというと、通常、ヘアーサロンやエステ、旅行代理店やレストランなどにおけるサービスなどを思い浮かべる。このようなサービスは、主に、対個人向けサービス（Consumer Services）とよばれるもので、消費社会の高度化に伴って、サービス業の業態や内容は著しい変化をみせている。また、サービス業全体の規模も拡大し、生産高や雇用という面では経済の主要な柱の1つとなっている。こうした点から、「経済のサービス化」ともいわれるようになっている。

```
┌─────────────┐   ┌─────────────┐   ┌─────────────┐
│ B           │   │ A           │   │ C           │
│ 前段階サービス │→ │生産ライン・サービス│→ │ 後段階サービス │
│ (upstream)  │   │ (onstream)  │   │ (downstream)│
└─────────────┘   └─────────────┘   └─────────────┘
       ↑                 ↑                 ↑
       ┆          ┌─────────────┐          ┆
       ┆          │ D           │          ┆
       └ ─ ─ ─ ─ ─│ 生産支援サービス│─ ─ ─ ─ ─┘
                  │(onstream parallel)│
                  └─────────────┘
                         出典：Dicken (2003) p16より作成
```

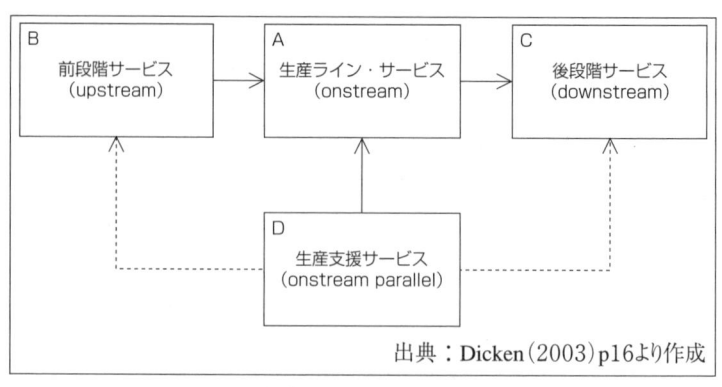

図6-1 生産に関わる4つのサービス

　しかし、経済活動のトランスナショナル化に伴なって急速に拡大しているサービス業は、このような対個人向けサービスというよりは、むしろ、対事業所向け（Producer Services）とよばれる分野である。このような生産に関わるサービスにはどのようなものがあるのかを示したのが図6-1である。

　図の中にあるAの「生産ライン・サービス（onstream services）」とは、生産に直接関わるサービスで、製造業のような場合には、組み立て工程などにおける、機械の補修や整備、部品や製品の搬入、搬出などの輸送サービス、生産管理の制御システムの維持管理、検査サービス、セキュリティ・サービスなどがあるが、生産ライン・サービスはモノづくりに限られたことではない。例えば、銀行のような金融サービスにおいても、ATMマシーンの整備やバックオフィスによるサービスの提供は、この範疇に入るものといえる。これに対して、Bの「前段階サービス（upstream services）」とは、生産に先立って必要とされるサービス投入のことである。製造業の場合では、製品化に先立つ市場調査、製品のデザインなどがある。金融業の場合でも、金融商品の企画や市場調査など、直接の生産、販売に先立つ前段階にも必要とされるサービスが存在している。一方、Cの「後段階サービス（downstream services）」とは、直接の生産の後に必要とされるサービスで、製造業の場合では、顧客への搬送サービスや、広告宣伝や販売促

進のための専門的サービスがこれにあたる。金融業においても、コール・センターや顧客管理、債権回収などのサービスが必要となる。そして、Dの「生産支援サービス（onstream parallel）」とは、前後の段階も含めた広義の生産システムを支援する、間接部門によるサービスで、経理や財務、人事や給与、企業法務、企業全体の情報通信システムの管理などが含まれるもので、このサービスは、業種を越えて共通のサービスの形態であるといえる。企業においては、「製造現場」に対する、「後方部隊」とよばれるもので、通常、経理部、人事部、総務部などと呼ばれる組織が対応するものである。そして、このような生産に関わるサービスの投入によって、生産は効率よく管理され、創り出される製品の付加価値は増大するものといえる。また、サービスを提供するサービス企業そのものも、自社の企業活動には他からのサービス投入を必要としている。

In House から Out Sourcing へ

このような多種多様なサービスの投入が必要とされるなかで、これらのサービスを総て自前で、即ち、企業内で内製（イン・ハウス：In House）化して、供給することも考えられる。かつての国鉄（現在の JR の前身、日本国有鉄道）は、「国鉄一家」とよばれるほど、あらゆる機能やサービスを内製化しようとしていたこともある。しかし、効率と採算の両面から、現在、殆どの企業は、様々なサービスを自前ではなく、専門の業者から購入している。これまでの章でも見てきたように、産業集積が拡大すると分業が深化し、専門の供給業者が多数出現するようなり、集積内部には外部経済性が生まれることになる。サービスも同様に、専門化が進み、生産のあらゆる局面においてサービスの供給が試みられる。その結果、殆どの企業では、自前のサービスとともに、外部の業者からサービスを購入すること（アウト・ソーシング：Out Sourcing）を行っている。例えば、これまでは自社のトラックと自社で雇用した運転手によって、生産された製品を搬送していたものを、宅配便の業者に搬送を依頼することによって、輸送の効率化と経費の削減を行うというのは、この例である。

問題は、これまでは社内や産業集積内でまかなわれていたサービスの供

給が、地域や国境を越えて、広く世界の中で行われるようになってきた点である。すなわち、サービスの需要と供給におけるトランスナショナル化である。

拡大するサービス貿易

サービスは、これまで、貿易の対象ではなかった。サービスの提供は、ヘアーサロンやレストランなどの対個人向けサービスの場合を考えてみても直ぐに分かるように、需要者と供給者が、同じ場所に同じ時間にいて取引するものであるから、無形のサービスを輸出したり輸入することなどありえなかった。古典的貿易理論においても、サービスは貿易の対象外に置かれていた。このことをサービスの貿易不可能性（Intradability）という。

しかし、現在、世界の貿易におけるサービス貿易は、輸出、輸入とも3兆ドル（300兆円）を超えるものとなっており、年率16%〜18%の高率で急拡大している（表6-1）。世界のサービス貿易の約半分は、ヨーロッパ諸国において行われているが、世界最大のサービス貿易国はアメリカである。一方、アジアでは、日本はかろうじて最大のサービス貿易国ではあるものの、アジア全体では17〜19%と世界全体の成長率を若干上回る高率で伸びを示しているのに対して、日本は、10%内外の伸びしか示しておらず、30〜40%の驚異的伸び率で成長する中国にサービス貿易でも肉迫されている。また、日本の経常収支のうち貿易・サービス収支は、財の貿易においては黒字を重ねているが、サービス貿易（2007年度）では200億ドル（約2兆円）以上の赤字を恒常的に出している。日本は、サービスの輸入超過国なのである。

それでは世界のサービス貿易を構成する項目についてみてみると、最大の額のものは、輸送サービスで、それに次ぐのは旅行サービス、通信サービス、金融サービスなどである。このうち、経済活動のトランスナショナル化に伴なって急成長を遂げているのが、輸送サービスのうちの郵便・宅配事業である。現在、世界4大宅配事業者といわれる、DPWN社（ドイツ）、TPG社（オランダ）、UPS社（アメリカ）、FEDEX社（アメリカ）の1990年

表6-1 国・地域別サービス貿易（2007年）

(単位：100万ドル，%)

	輸出			輸入		
	金額	伸び率	構成比	金額	伸び率	構成比
世界	3,257,300	17.8	100.0	3,059,100	16.4	100.0
NAFTA	532,971	12.9	16.4	439,872	9.3	14.4
米国	454,378	14.2	13.9	335,578	8.8	11.0
カナダ	61,169	5.9	1.9	79,978	11.5	2.6
メキシコ	17,423	6.4	0.5	24,315	8.9	0.8
欧州	1,662,000	18.6	51.0	1,433,800	17.4	46.9
EU27	1,512,100	18.6	46.4	1,337,300	17.3	43.7
英国	263,357	16.6	8.1	193,349	13.1	6.3
ドイツ	197,278	8.2	6.1	245,376	15.0	8.0
フランス	130,369	10.9	4.0	120,087	12.3	3.9
スペイン	127,478	20.9	3.9	96,831	24.3	3.2
イタリア	108,859	12.1	3.3	116,662	19.0	3.8
アジア	745,000	19.1	22.9	777,600	17.1	25.4
日本	135,587	10.6	4.2	157,405	9.3	5.1
中国	126,688	38.6	3.9	128,914	28.5	4.2
インド	86,366	15.1	2.7	78,080	23.8	2.6
ASEAN10	147,200	17.3	4.5	184,000	15.9	6.0
中南米	90,600	16.3	2.8	96,500	18.4	3.2
ブラジル	22,504	25.4	0.7	33,634	23.9	1.1
CIS	64,200	25.1	2.0	89,600	28.9	2.9
ロシア	38,291	24.8	1.2	56,915	30.2	1.9
中東	78,600	15.4	2.4	124,500	16.8	4.1
アフリカ	83,900	21.4	2.6	97,200	19.3	3.2
南アフリカ共和国	12,651	8.0	0.4	15,952	14.4	0.5

出典：『ジェトロ貿易投資白書 2008』p14

から2003年に至る成長拡大を従業員数と売上高の年平均成長率でみてみると、表6-2の通りである。

　特に、従業員数では、TPG社とFEDEX社は急拡大していることが分かるが、総売上高やその年平均成長率では、UPS社を除き、3社とも10%以上の高成長を遂げている。その中でも、DPWN社は、前身がドイツ郵便であり、1990年代の郵政民営化によって、郵便事業とともに宅配・物流事業に進出し、世界で屈指の物流企業となっている。

表6-2 世界の4大宅配物流企業（1990年，2003年）

	DPWN （ドイツ）	TPG （オランダ）	UPS （アメリカ）	FEDEX （アメリカ）
従業員数　1990	313177	63000[a]	252000	58000
従業員数　2003	341572	163028	357000	190918
売上額　1990（百万ドル）	7734	2351	13600	5183
売上額　2003（百万ドル）	45267	13423	33485	22487
年平均成長率　1990 - 2003（%）	14.6	14.3	7.2	11.9

出典：World Investment Report 2004, p125

　このような郵便・宅配事業の急拡大の背景には、国際分業の深化によるフラグメンテーションとサービス・リンクスの拡大化がある。そのために、上記4社をはじめ、トランスナショナルな物流事業者は、直接投資によって、国外に現地法人を設立し、トランスナショナルな物流ネットワークを構築することで規模の経済性を追求し、急拡大を遂げているのである。表6-3は、1995年から2003年に至る期間に於ける、ヨーロッパの郵便事業者が、対外直接投資によって国外の物流事業者を合併ないしは買収（M&A）した実績である。この中でも、先にも述べたドイツ郵便が民営化されたDPWN社は、矢継ぎ早にM&Aを繰り広げ、アメリカ、スイス、イギリス、スウェーデンに物流ネットワーク拠点を構築するとともに、世界各国においてその国の国内事業者との提携関係を強化してきている。

　このような郵便・宅配・物流事業と同様に注目されるのは、通信事業におけるトランスナショナル化である。物流と並んで、情報通信事業は、トランスナショナルなサービス・リンクスの構築にはなくてはならないものだからである。このような通信事業者は、テレコミュニケーションを主たる事業とすることで、テレコム（Telecoms）とよばれるが、1980年代以降の通信事業の規制緩和と民営化によって、トランスナショナル化を推進し、情報通信技術による経済の革新を牽引してきた。日本においても、日本電信電話公社の民営化によって通信事業に新規参入する企業（例えば、ソフ

表6-3 ヨーロッパにおける郵便事業者によるトランスナショナルM&A（1995-2003年）

買収例	国	Year	買収比率(%)	買収対象企業	国	買収対象企業の従業員数
DPWN	Germany	2001	51[a]	DHL	United States	55000
TPG	Netherlands	1995	100	TNT Express Divison	Australia	24000
DPWN	Germany	2003	100	Airborne	United States	22000
DPWN	Germany	1999	100	Danzas	Switzerlan	16000
TPG	Netherlands	1996	100	GD Express Worldwide	Neterland/Sweden	14000
DPWN	Germany	1998	50	Securicor Obega Express	United Kingdom	12500
DPWN	Germany	1999	100	Nedlloyd European Transport & Distribution	Netherland	11500
La Poste	France	2001	85	German Partners of DPD	Germany	10000
TPG	Netherlands	1996	100	TNT Logistic Division	Australia	9000
DPWN	Germany	1999	100	Air Express International (AEI)	United States	7500
DPWN	Germany	2001	51	ASG	Sweden	5700
Consignia	United Kingdom	1999	100	German Parcel	Germany	4500

Source：UNITAD, baced on Dorrenbacher 2003, and information provided by firms.
[a] The remaining 49% were acquired in 2002.

出典：World Investment Report 2004, p125

トバンク社など）が現われたが、世界の各地においても、通信事業者の間における企業合併や企業買収（M&A）が繰り広げられてきた。その中でも、イギリスのボーダフォン社によるドイツのマンネスマン社の敵対的買収事件は、イギリスとドイツの政府を巻き込んだM&Aの事例として記憶に新しい。両者の背後には、それぞれ、ゴールドマン・サックス社とモルガン・スタンレー社という投資銀行の両雄が控えて、世紀のM&A戦を取り仕切っていたことも、直接投資が牽引する、今日のトランスナショナル化の本質を垣間見させるものであった。

こうした中、世界のテレコム社の中には、巨大なTNCに成長するものも現われ、1992年には、世界の最大規模のTNC100社のうち、テレコム関係は2社に過ぎなかったものが、10年後の2002年には、8社を数えるほどまでになった。これに伴ない、これらのテレコム関係と、前出の輸送関連事業を併せた直接投資総額は、1990年には300億ドル（約3兆円）規模であったものが、2002年には、5000億ドル（約50兆円）規模にまで増大し、全サービス産業の中でも最大の額となっている。

2 オフショア・サービス（オフショアリング）

　トランスナショナルな物流・通信システムの構築は、世界各地に分散する生産拠点を統合することを可能にすると同時に、生産に必要とされるサービスの一部を国外から調達する道を開くことにもなる。このようなサービス業務の国外委託と、それに伴うサービスの輸入のことを、オフショアリング（Off shoring）とよぶ。世界貿易機関（WTO）においても、サービス貿易を定義する中に、その1形態として、「サービスの提供者と受容者が異なる国に存在する形態」として、オフショアリングを位置づけている。

　ここで企業が必要とする様々なサービスを調達する方法として、図6-2にあるような、4つの異なる方法がありうる。分類の基準となるのは、1つには、サービスの調達が、同一企業の内部で行われるのか、あるいは、企業外の専門業者に委託するのか、という基準である。もう1つの基準は、そのようなサービスの調達が、自国内で行われるのか、それとも自国外において行われるのか、という基準である。この2つの基準によって分類される4つの異なる調達方法は、それぞれ以下の通りである。図中にあるAは、自国内の社内分業（イン・ハウス／イン・ソーシング）であり、Bは、自国内のアウト・ソーシングである。一方、Cは、社内分業であるがサービスの調達先が自国外の場合であり、Dは、自国外におけるアウト・ソーシングの場合である。オフショアリングという場合には、CとDの両者を併せて、自国外におけるサービスの調達のことをいう。

　Cのイン・ハウス型オフショアリングの具体的ケースとしては、イギリス・テレコム社のコールセンターはインドのバンガロールとハイデラバードに置かれていることや、DPWN社の子会社のDHL社がITセンターをチェコのプラハに設置していることなどがあげられる。また、Dのアウト・ソーシング型オフショアリングとしては、アメリカの銀行バンク・オブ・アメリカが自社のソフトウェア・プログラムの開発をインドの情報関連企業大手のインフォシス（Infosys）社に外部委託している例や、アメリ

	国内	国外
同一企業内 (イン・ソーシング)	A 社内分業 (イン・ハウス／イン・ソーシング)	C イン・ハウス型 オフショアリング
企業外 (アウト・ソーシング)	B 国内アウト・ソーシング	D アウト・ソーシング型 オフショアリング

図6-2　オフショアリングの概念

カの携帯電話大手のモトローラ社や世界最大のTNCであるGE社などが、研究開発拠点をインドのバンガロールに設置していることなどが挙げられる。現在、世界の情報通信関連企業の最大手であるマイクロソフト社、シスコシステムズ社、そして、グーグル社なども続々と、インドに研究開発拠点を設けている。

　このオフショアリングによって国外委託されるサービスには、様々なものがあるが、サービスの提供における技術上の難易度によっても分類可能である。オフショアリングされるサービスには、比較的単純でそれほどの技術がいらないもの、例えば、単純だが膨大な量のデータ入力作業、などがある。そして、ある程度の技術や訓練を必要とするものとしては、経理処理、標準化されているコンピュータ・プログラミング、カード会社などの請求書の発送業務などがある。他方で、より高度の技術や、それを裏付ける学歴や経験などが要求されるものもある。例としては、研究開発業務やコンピュータ・ソフトウェアーの開発、医療関係の治験検証、建築関係の設計業務などがある。これらのサービス提供に関わる技術には難易度があるものの、総てが現在、オフショアリングとして、トランスナショナルなサービス貿易の品目を構成している。

　サービス貿易の拡大に伴ない、アメリカなどでは輸入される外国からのサービスによって、国内のサービス産業が衰退するのではないかと、オフショアリングに反対する声も聞かれたが、それらの反対陣営が想定していたオフショアリングの内容は、バック・オフィス機能というような比較的

単純な作業の外部委託であった。このような単純な作業の外部委託は、アメリカ国内でも州境を越えて盛んであり、TNCにとっては、インドのような良質で圧倒的に労働コストが安い国へと外部委託することは競争上避けられないことと認識されている。しかし、現在、莫大な直接投資を伴うオフショアリングは、このような技術的難易度の低いものから、より高度の知識と技術を必要とする研究開発関連のサービスへと重点がシフトしてきている。

オフショアリング大国インド

　第5章でも検討したとおり、デジタル化とモジュラー化は、経済活動のトランスナショナル化を決定付けたとさえいえる。デジタル化による大量で安価な情報のやり取りが可能となり、モジュラー化は、生産工程や生産物をサブ・システム毎に独立したものとして取り扱うことを可能にした。また、金融サービスにおけるモジュラー化とデジタル化が、ハイパー・モビリティの世界を生み、金融商品はあたかも、バーチャルな空間の中をブロードバンド・ネットワークに乗って世界を光学的スピードで駆け巡る。英米の金融機関のみならず、アメリカのTNC一般において顕著なことは、その業務プロセスをモジュラー化し、分割されたモジュールをそのままそっくりとオフショアリングすることである。デジタル化とモジュラー化は、実は、サービスの分野のトランスナショナル化という点で、モノづくり一般よりも、より大きなインパクトをもたらしているとさえいえよう。そして、そのサービスのオフショアリングにおいて圧倒的な強さを誇っているのがインドである。

　インドの情報通信関連の業界団体であるインドソフトウェア・サービス・コミュニケーション協会（NASSCOM）の推計によると、2006年現在、世界全体のオフショアリングの市場規模を約700億ドルと見積もっており、そのうちの約60％にあたる400億ドル余りがインドに外部委託されているとみている。図6-3で国別に見ると、インドのサービスの輸出先としては、アメリカが圧倒的で、全輸出額の3分の2にあたる66.5％を占め、

[図：インドの国別オフショアリング関連サービス輸出割合（2006年）の円グラフ]

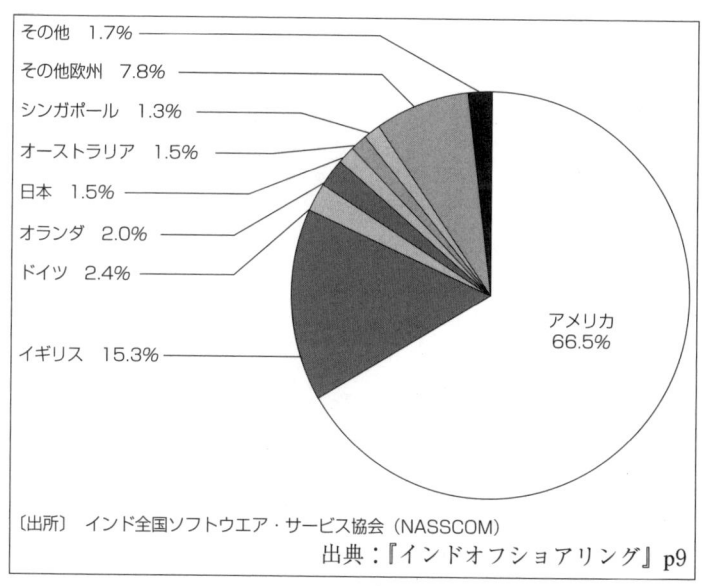

- その他 1.7%
- その他欧州 7.8%
- シンガポール 1.3%
- オーストラリア 1.5%
- 日本 1.5%
- オランダ 2.0%
- ドイツ 2.4%
- イギリス 15.3%
- アメリカ 66.5%

〔出所〕インド全国ソフトウエア・サービス協会（NASSCOM）
出典：『インドオフショアリング』p9

図6-3　インドの国別オフショアリング関連サービス輸出割合（2006年）

次いでイギリスの15.3%が第2位であり、アメリカとイギリスの2カ国だけで、全体の80%以上を占めることになる。地理的にも近い日本やオーストラリアは1.5%台で、イギリスの10分の1に過ぎない。

　それでは、どのような産業分野において、インド向けのオフショアリングが活発になされているのかといえば、図6-4に示されている通り、インドのサービス貿易における40%近くは金融サービスである。金融サービスを支援する、キャッシュフローの管理、財務情報の更新、顧客情報の管理など巨大化するアメリカやイギリスの金融機関の業務を受託している。次いで、製造業とテレコム関連が併せて30%に上っている。これは、バンガロールを始めとする、大量の、しかも高度の専門技術者を擁するインドのIT関連企業への業務委託である。そして、IBM1社のオフショアリングだけでも、インド国内において約2万人の雇用を創出しているといわれている。

　こうした傾向に拍車を掛けているのが、1990年代後半から始まった、

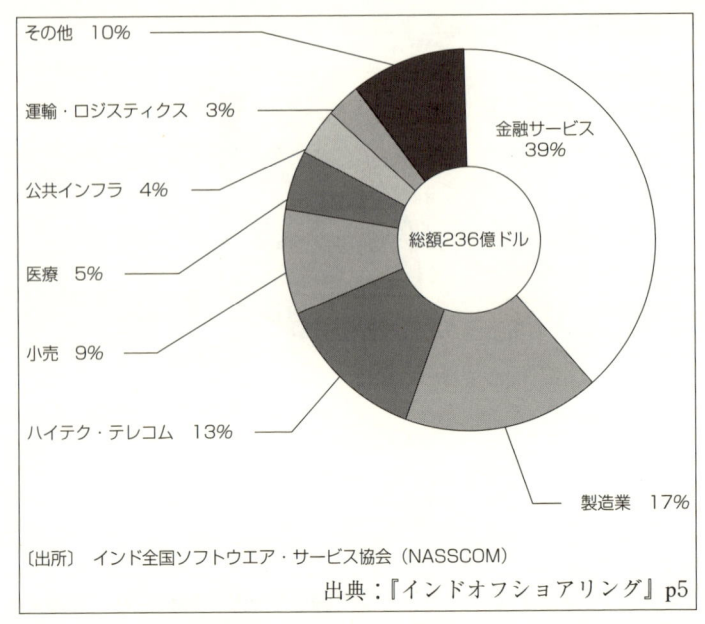

[図: 円グラフ]

その他 10%
運輸・ロジスティクス 3%
公共インフラ 4%
医療 5%
小売 9%
ハイテク・テレコム 13%
製造業 17%
金融サービス 39%
総額236億ドル

〔出所〕インド全国ソフトウエア・サービス協会（NASSCOM）
出典：『インドオフショアリング』p5

図6-4 インドの産業別オフショアリング関連サービス輸出（2006年）

アメリカからのインド人技術者の「頭脳還流」である。アメリカの理工学系大学院へ留学し、学位取得後、シリコンヴァレーなどにあるアメリカの情報通信関連企業の研究者として活躍してきた多くのインド人技術者が、アメリカにおけるITバブルの崩壊に相前後して、母国へ帰国するようになり、母国を拠点にしながら、シリコンヴァレーの仕事を請負うようになってきた。バンガロールは、世界的なIT関連企業などのTNCの直接投資によって、インドのシリコンヴァレーとよばれるほどになったからである。

3　プロフェッショナル・サービスの集積と集中化

オフショアリングの最大の輸入国であるアメリカは、どのようなサービスを輸入しているのかを表わしているのが、表6-4である。この中で、10億ドル（1000億円）規模での輸入が行われている分野として、コンピュータ・データ処理サービス、経営コンサルティングとPR関連サービス、

表6-4 アメリカの対事業所サービスの輸入（1992－2002）

サービスの種類	平均年成長率	Value 2002（百万ドル）
コンピュータ・データ処理	31	1 057
会計監査経理	21	716
経営コンサルティングとPR関連	17	1 188
研究開発関連	16	1 040
人材育成	14	361
アメリカ国内生産との比較		
プロフェッショナルサービス	13	10 732
他の対事業所サービス	11	69 436
サービス業全体	7	205 234

出典：World Investment Report 2004, p151

研究開発関連サービスがあるが、これに次いで、会計・監査サービスなどがある。これらのサービスの輸入の伸び率は、その他のサービス部門やサービス業全体の伸び率よりも著しく高く、今後も、上述の分野におけるオフショアリングは拡大成長を続けるものと見込まれる。それは、どのような産業であれ、サービスの投入が増大し、業務の再編によって、モジュラー化が進行し、業務プロセスを構成するモジュールの幾つかは確実にオフショアリングの対象となっていくものとみられるからである。

このようなサービス投入の絶対量の増大の中で、最も重要なサービスの分野は、高度の専門化とトランスナショナル化が進展しているプロフェッショナル・サービスとよばれる分野である。経済活動のトランスナショナル化に伴なって、それまでは、ほとんどが国内向けの専門サービスであったプロフェッショナル・サービスは、急速に再編され、その立地には地理的集中と大規模化がみられるようになってきている。それは、トランスナショナル化する世界を映す鏡ですらある。

こうしたプロフェッショナル・サービスの主なものには、以下のようなものがある。

① 金融サービス（Financial Services）
② 法務サービス（Legal Services）
③ 会計・監査サービス（Accounting Audit Services）

④　税務サービス（Tax Planning Services）
⑤　コンサルティング・サービス（Business Consulting Services）
⑥　情報通信・コミュニケーション・サービス
　　（IT and Communication Services）
⑦　メディア・PR サービス（Media and Public Relations Services）

　これらのプロフェッショナル・サービスに共通していえることは、極めて知識集約型のサービスを提供すること、それゆえに人的資本が最大の資産であること、そして、それらの人的資本は極めて流動性が高いこと、そして、パワーハウス（Power House）とよばれ、トランスナショナルなビジネスの取りまとめ役（Transnational Deal Makers）を担い、巨額の報酬を得ていることが挙げられる。しかし同時に、多くのプロフェッショナル・サービスの分野では、国ごとに異なっている制度上の制約を克服するために、関係する外国に提携先を設けて、パートナーシップの下にトランスナショナル業務を実行している。例えば、法務サービスについてみると、各国にはそれぞれの司法制度があり、法律家の資格には厳しい制約が課されている。係争の処理にあたっては、裁判所への提訴の可能性がある以上、提携先のパートナーとの連携は欠かせない。また、会計・監査業務についても同じような制約が存在しており、各国政府は、自国の公共部門の監査を外国の会計・監査法人に委ねることを禁じているところが少なくない。

　また、トランスナショナル化の進展に伴なって、こうしたプロフェッショナル・サービスの各分野における寡占化が進行している。表6-5は、世界の10大会計・監査法人のランキング表であるが、10大法人の内、2つを除く8法人が、アメリカ系とイギリス系の法人であり、特に4大会計・監査法人は突出している。このうち第1位から第3位までの法人は、130億ドル（1兆3000億円）以上の収入があり、10万人を超える雇用を行い、世界の約140カ国に事務所を展開している。その背景には、会計基準の国際標準化を推進することによって、企業会計における規格化による規模の経済性の追求がある。

表6-5 世界10大会計監査法人（単位10億ドルと実数）

法人名	本部	総収入	従業員数	進出先国数
Pricewaterhouse Coopers	New York	16.0	122 820	139
Deloitte Touche Tohmatsu	New York	15.1	119 770	144
Ernst & Young	New York	13.1	103 000	140
KPMG	Amsterdam	12.2	98 900	148
BDO	Brussels	2.6	23 230	99
Grant Thornton	Chicago	1.8	21 500	110
RMS	London	1.8	20 000	80
Moores Rowland [a]	High Point, NC	1.8	20 850	92
Horwath	New York	1.5	18 680	86
Baker Tilly	London	1.5	17 000	67

出典：World Investment Report 2004, p110

　かつては5大会計・監査法人として、アーサー・アンダーセンが一角を占めていたが、エンロンの不正会計事件の発覚とともに破綻に追い込まれ、文字通り消滅したが、アンダーセン社に務めていた多くのプロフェッショナル達は、瞬く間に同業他社の4大会計・監査法人に再雇用された。このことは、プロフェッショナル・サービスにおける人材の流動性の高さを示すものといえよう。同じように、2008年に顕在化した世界金融危機に際して、破綻した証券大手のリーマン・ブラザーズを始めとする金融スペシャリストの多くも、別の金融機関に再雇用されている例も少なくない。

　このような4大会計・監査法人による寡占化は、アメリカの経済誌『フォーチュン』の世界企業ランキング500社のうち、8割を超す企業が、これらの4大会計・監査法人のサービスを受けているという事実によっても窺われる。

4　トランスナショナル法務サービス

需要の急拡大

　経済活動のトランスナショナル化にともなって、トランスナショナル法務サービスへの需要は急拡大している。こうした法務サービスの需要の拡大の背景には次のような変化がある。

　第1に、直接投資の増大によって、国外に現地法人を設立して国際分業

によって生産を行う TNC が増えると、現地法人の設立や運営に、こうした法務サービスは欠かせないからである。トランスナショナル化が進展したとはいえ、現地法人は、現地、すなわち、直接投資の受入国における法制度に準拠して、法人を設立し、税金を納め、労働力を雇用しなければならない。そのためには、現地の会社法、租税法、労働法など専門的知識が欠かせない。また、金融機関に対しては、各国における金融関連の法的規制について対応を行うことが大きな仕事となる。さらに、直接投資のうち大きな割合を占める、トランスナショナルな企業合併や企業買収においても、異なる法制度の下の企業間の調整には、多様な分野に跨る法的専門知識が必要となる。国境を超えた企業間の戦略的提携にあたっても、相互の権利・義務を明確にするための契約には法務サービスが欠かせない。

　第2には、トランスナショナルな商事紛争の増大がある。電子商取引などのインターネットによる商取引が急拡大するなかで、新たな形態の商事紛争が急増している。特に、異なる法制度間における紛争の処理には、トランスナショナルな法務サービスが必要となる。

　また、貿易の拡大にともなって、国際商事紛争（Transnational Business Disputes）も増大してきている。こうした紛争は、一般的には訴訟には至らず、当事者間で解決される事例が大半であるが、その背景には、国際商事仲裁（International Commercial Arbitration : ICA）による紛争解決が行われているからである。また、訴訟を回避する、仲裁条項（Arbitration Clauses）が契約書に明記されることが一般的になってきたことには、紛争の処理のスピードアップ化と裁判費用の回避などがあるが、それとならんで、契約の一方の当事者が外国政府である場合、その国を相手に裁判所に提訴することはできないが（国の免訴権）、仲裁条項のある契約の場合は、国家も仲裁に応じる義務が生じる。仲裁条項は、政府による大型公共工事の契約やテレコム・サービスの契約などの場合、TNC の利益を守る楯の役割を果たしている。

　第3には、各国の独占禁止法への対応がある。貿易の拡大や現地法人に

よる生産の拡大、さらには、企業内あるいは産業内貿易の急増によって、国外における生産や取引が、現地国において、競争制限的であると認定されると、当事国の裁判所の排除命令や課徴金の支払いが命じられることになる。不当廉売（ダンピング）や価格カルテルなどによって、経済的被害が生じたか否か、について自国外において争わなければならない。最近の大型事案としては、コンピュータソフト最大手のマイクロソフト社が、ヨーロッパ連合（EU）において、抱合せ販売による競争制限的行為を行ったとして提訴された事案が記憶に新しい。こうした事態を回避し、また一度、裁判になれば争うためには、トランスナショナル法務サービスは欠かせない。

　第4には、特許権やブランドなどの知的財産権（Intellectual Property Rights: IPR）に関わる法務サービスの重要度が増してきたからである。国際分業の深化とともに、特許権の侵害に関する係争が増加している。ライセンス契約に基づく自国外における生産には、特許権についての詳細な取り扱いが合意されるのが通例で、偽ブランド品の生産による知的財産権の侵害の事例は後を絶たない。

　また、世界貿易機関（WTO）においても、知的財産権の保護は重要な課題となっており、TRIPS協定（知的財産権の貿易側面に関する協定）が、多国間貿易ルールとして発行している。しかし、製薬産業などにみられる膨大な研究開発費用に基づく特許権をめぐっては、知的財産権と、生命を守る人道的立場との間での対立が続いている。このような事例にもみられるように、TNCは専門的な法務サービスを求めている。

　第5には、近年、ますます増大化する環境保護に関する意識の高まりと、それへの対応が重要性を増していることである。鉱物・エネルギー資源のような採掘産業はもとより、製紙業や鉄鋼業、化学工業などの製造業、更には原子力発電をふくむ電力、ガスなどのエネルギー・サービス産業などは、環境破壊や公害の原因ともなりかねず、厳しい環境保護法の下で企業活動を行っている。こうした産業の多くは、自国外に事業所をもつTNC

4　トランスナショナル法務サービス

である場合が少なくない。一度、こうした法に抵触すれば、社会的責任は大きく、また、被害者からの集団訴訟（Class Litigations）にも対応しなければならない。近年、環境関連法務サービスを受容するTNCが増加しているのはこのためである。

また、このほかにも、トランスナショナル法務サービスの領域として、税務サービスや不動産関連法務サービス、トランスナショナルなホテルや旅行代理店のチェーン展開などの観光関連法務サービスなどが挙げられる。

供給の再編

トランスナショナル化に伴なう法務サービスの拡大には、増大化する係争件数、複雑化する争点、巨大化する当事者、専門化する紛争内容、訴訟の事前的回避の要請などがあるが、法務サービスの供給側にも、それらへの対応としての変化がみられる。

こうした変化の第1は、顧客としての巨大なTNCへの対応として、法務サービスにおける規模の経済性の追求である。そのために、北米地域とヨーロッパ地域においては、規模の大きな法務サービス企業間の大型合併や提携が進んでいる。大型のM&A事案においては、何百という弁護士や企業内法務実務者（Corporate Lawyers）が、異なる法制度を超えた分業によって取り組んでいる。

表6-6は、2005年時点における、巨大な法務サービス企業を、その収入の大きさによってランキングしたものである。これによると、第1位のイギリスのClifford Chanceは、1700億円に上る収入の下、28カ国に、約2500人の弁護士を抱えている。この2500人の中にはイギリス以外の国における資格を持った現地の弁護士も多数含まれている。20の法務サービス企業のうち、10社は収入が1000億円を超え、2社を除く18社が1000名以上またはそれに近い弁護士を擁している。アメリカのBaker & McKenzieは、日本も含む70カ国に事務所を展開している。そして、最も注目すべき点は、ここにランキングされている法務サービス企業はすべて、英米系の法務サービス企業である点である。巨大TNCの多くがアメリカ

表6-6　世界の主要な法務サービス企業 (2005)

企業名	本拠国	収入 (100万ドル)	純利益 (100万ドル)	弁護士数	事業所数 (2006)
Clifford Chance	England	1,700	461	2,480	28
Linklaters	England	1,498	541	2,013	30
Skadden Arps Slate Meagher & Flom	United States	1,462	636	1,554	22
Freshfields Bruckhaus Deringer	England	1,451	659	2,115	28
Baker & McKenzie	United States	1,246	409	2,992	70
Allen & Overy	England	1,239	409	2,263	25
Latham & Watkins	United States	1,224	551	1,502	22
Jones Day	United States	1,208	331	2,076	29
DLA Piper Ruduick Grey Cary[a]	England	1,187	307	2,387	59
Sidley Austin Brown & Wood	United States	1,045	313	1,405	16
White & Case	United States	967	307	1,405	38
Mayer Brown Rowe & Maw	United States	925	376	1,258	14
Weil Gotshal & Manges	United States	919	318	1,080	20
Kirkland & Ellis	United States	847	180	897	8
Sullivan & Cromwell	United States	787	335	589	44
Shearman Sterling	United States	787	242	963	19
Wilmer Cutler Pickering Hale & Dorr	United States	762	279	963	15
McDermott Will & Emery	United States	756	346	960	14
Lovells	England	681	195	1,163	26
Dechert	United States	448	190	678	18

Source：The Lawyer (2005) and fieldwork.
[a] Figures are based on the combined values for the firms DLA and Piper Rudnick, which have now merged.
NA：Data not available.

出典：Faulconbridge (2008) p190

とイギリスを中心とするものであることとともに、前章で検討した金融サービス業、特に、巨大投資銀行の分野において、英米系投資銀行が圧倒的強さを誇ってきたことが、トランスナショナル法務サービスの分野における英米系の優位さに結びついているものと考えられる。

　第2には、大型化とともに、TNCの集中する都市や、トランスナショナルな金融センターなどへの地理的な集中化である。図6-5は、トランスナショナルな法務サービス企業の立地と地理的集中を表わしたものである。分布図からも分かるとおり、トランスナショナル法務サービス企業は、人口や経済活動一般に比例して立地しているわけではなく、ある特定の経済活動に対応して戦略的に分布している。

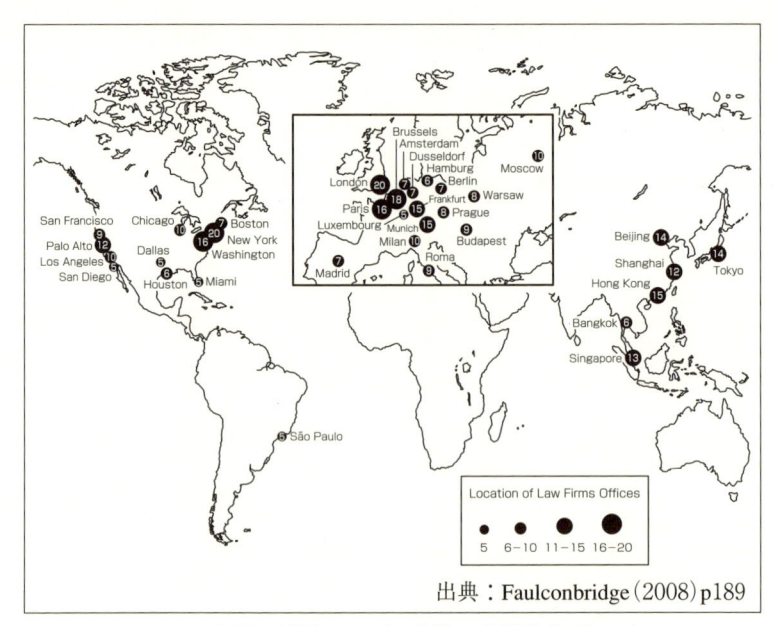

図6-5　主要な法務サービス企業の立地動向（2005）

出典：Faulconbridge（2008）p189

　まず、ヨーロッパにおける状況をみてみると、最大の集中はロンドンにみられ、次いで、ヨーロッパ連合（EU）の本部のおかれているベルギーのブリュッセル、そして、パリ、フランクフルト、ミュンヘンと続く。ロンドンはヨーロッパ随一の金融センターであり、ブリュッセルはEU行政の司令塔である。アメリカをみると、最大はニューヨークであり、第2は、連邦政府の中心であるワシントンDCである。それに続くのは、ロサンゼルスやシカゴを抜いて、パロアルト、すなわちシリコンヴァレーである。ニューヨークは、ロンドンと並ぶ世界的金融センターであり、ワシントンはアメリカの立法、行政、司法の三権が集中するところであり、IMFを始め、国際機関が多数立地するところでもある。それでは何故、シリコンヴァレーが多いのかといえば、情報通信技術の革新の中心地は、トランスナショナル企業の起業の地であり、そこには会社の設立や特許権の取得など、多様な法務サービスの需要が大きく、また、ベンチャー・キャピタルや投資銀行が有力投資先を求めて集まっているところでもある。

一方、アジアの状況をみると、香港が最大で、それとほぼ同じ程度で、東京、北京、シンガポール、上海が続く。東京はアジア最大の金融センターであっても、香港も含めた中国は、アジアにおけるトランスナショナル法務サービスの赴くところであり、この傾向は更に助長されることであろう。何故ならば、こうした法務ビジネスは、GDPの大きさよりも、貿易や直接投資の伸び率、外国の人的資源の受入といったトランスナショナル化の指標に、より強く反応するものと見られるからである。上海は、やがて、東京に取って代わるアジア最大の金融センターとなることを目指して着々と準備を進めている。

　トランスナショナル・プロフェッショナル・サービスは、IT関連産業や金融サービスと並んで、トランスナショナル化の中核的役割を担ってきた。そして、それらは、情報通信技術の革新を活用しながら、流動性の高い人的資源を基礎に、巨大な経済システムの頭脳として、あるいは感覚器として、そして、時として、手足として働いている。

第7章
市場／国家／都市

1 「グローバル」都市の台頭

サスキア・サッセンの『グローバル都市』論

　1980年代から始まる、国際分業や貿易・直接投資の拡大、規制緩和や民営化による自由化、そして、何よりも、情報通信技術における革新、これらによって新たなグローバルな経済活動の仕組みが生まれてきた。このようなトランスナショナル経済の進展によって、経済地理の再編が行われ、その中からトランスナショナル経済を牽引する集積としての「グローバル都市」が生まれ、それらの都市を頂点とする、新たな階層的な都市ネットワークが形成されるようになった。そのような、トランスナショナル経済の中心都市について、最も包括的な分析を試みてきたのが、アメリカの社会学者サスキア・サッセン（Saskia Sassen）である。

　サッセンは、このようなトランスナショナル経済の中心都市として、ロンドン、ニューヨーク、東京の3都市を挙げ、これらの都市を「グローバル都市（Global City）」とよんだ。それでは、何故、このような「グローバル都市」が生まれてくるのか、そして、「グローバル都市」の特質とは何か、という点についてみてみることにしよう。

本社機能と金融機能

　国際分業の進展や直接投資による国外現地法人の設立などによって、トランスナショナルな生産・物流システムが構築されるようになると、このようなシステムは、国境を越えた空間に分散して展開することになる。空

間的に分散化したシステムは、それぞれのTNCによって所有され、経営される。そこから、分散した各システムを統合する機能を果たす本社機能が従前にも増して重要となり、本社は、指令と管理（Command and Control）の機能を増大化させる。

このような指令と管理の機能を強化するためには、様々なプロフェショナル・サービスを活用しなければならない（第6章参照）。プロフェッショナル・サービスには、金融、会計、法務、税務経営コンサルティング、広告宣伝、広報、株主対応、情報インフラ、など極めて専門的なサービスがあるが、特に、金融サービスは重要で、TNCの資金調達にとって、金融機関との取引や、株式市場へのアクセスは欠かせない。TNCの資金調達の方法が、銀行などの融資による間接金融（あるいは、相対型間接金融）から、資本市場で資金を調達する直接金融（あるいは、市場型間接金融）に転換したことが、TNCの本社の立地を、資本市場を始めとする金融サービス集積へのアクセスの良い都市に集中させる。1980年代以降、日本の場合では、関西に拠点のある金融機関やTNCには、実質的本社機能を東京へと移転した例が少なくない。同様に、アメリカやヨーロッパにおいても、多くのトランスナショナルな金融機関やTNCは、その本社を、ロンドンやニューヨークに設けることになる（第5章参照）。

プロフェッショナル・サービスの集積

しかし、サッセンによれば、こうした点は未だ真相の半面しか語っていないことになる。グローバル都市の発展には、TNCの経営にとって重要な意思決定を支援するプロフェッショナル・サービスの立地特性との相乗効果が見逃せない。多様なプロフェッショナル・サービス業は、その専門性によって、産業横断的な特性をもっている。すなわち、多様な産業分野におけるTNCに対して専門的サービスを供給する。つまり、TNCが、自動車産業であれ、エレクトロニクス産業であれ、あるいは、食品加工産業であれ、それらの本社が必要とする金融や会計、法務のサービスには共通部分が大きいということである。そしてまた、これらの多様なプロフェッショナル・サービスは、それぞれが、相互補完的である。

この産業横断的であることと、相互に補完的であることが、プロフェッショナル・サービス業の集積を促す。製造業の立地においても集積の利益は、特定の地域への立地の集中化を促すことが知られているが、それ以上に、プロフェッショナル・サービス業は空間的に集中立地するようになり、外部性を享受することができる。そして、そのようなプロフェッショナル・サービスの産業横断的特性や相互補完性が、生み出す外部経済性によって、TNCの本社の立地は、一層、プロフェッショナル・サービス業の集積地へと引きつけられる。製造業の集中立地は、混雑や地価の高騰といった負の外部性を生み出す可能性が高いが、プロフェッショナル・サービス業の場合には、オフィスの高層化などで、こうした負の外部性を、当面、回避することが可能である。それゆえに、サッセンのいう「グローバル都市」では、再開発によるオフィスの高層化が、いずれの都市においてもみられるようになる。

　このように、トランスナショナル経済の発展は、TNCの本社機能の重要性を増加させ、本社の立地の集中化を促し、それとともに、本社機能を支援するプロフェッショナル・サービス業の集中立地をもたらす。他方では、このようなプロフェッショナル・サービス業の集積が、更なる、TNCの本社の立地を、グローバル都市へと引きつけるという、拡大への好循環が生まれることになる。このような好循環は、世界のどこでも起こるわけではなく、アメリカ、ヨーロッパ、そして日本という3大経済圏の経済的中心都市でのみ発生する。日本の場合、東京への集中化は、1980年代以降、著しい。東京証券取引所における取引の額は、日本全体の株式取引総額の90％以上にも及び、また、外資系企業の登録数は、東京都の港区1区だけでも、大阪府全体における外資系企業の登録数を凌駕している。また、「グローバル都市」においては、金融（Finance）、保険（Insurance）、不動産（Real Estate）の3業種（併せてFIREとよばれる）の生産額や雇用が、他の都市に比べて大きくなるという特徴がみられる。さらに、新聞やネットワークのキー・テレビ局などのメディア産業の集中化がみられるのも、この「グローバル都市」において顕著である。

所得階層の二重構造化

「グローバル都市」は、TNCの本社や高度の専門的サービス業が集積するだけではない。このようなオフィス機能に必要とされる様々な対事業所向けサービス業一般が立地する。そのような対事業所向けサービス業の例としては、オフィス関連の不動産業、宅配サービスやセキュリティ・サービス、オフィスのメンテナンス・サービスなどが挙げられる。また、豪奢なホテルやコンドミニアム（高級な分譲または賃貸マンション）、高級なグルメ・レストランや有名ブランドのブティック、劇場やコンサートホール、その他のエンターテイメント施設などの高額所得者向けの対個人向けサービス業も多数立地するようになる。また、「グローバル都市」は、世界との交通通信の拠点でもあるために、TNCのプライベート・ジェット機の発着が可能な飛行場や、飛行場へのアクセスといった交通インフラ、最新のIT技術に基づく通信インフラの建設やメンテナンスなどの産業に従事する雇用を増加させる。サービスがサービスを要求とするという波及効果と、裾野の広い基幹サービス業の集中化によって、「グローバル都市」は、単に、指令と管理の機能や、プロフェッショナル・サービスの立地する場所だけではなく、巨大な生産と消費の集積地となる。そして、その過程の中で、「グローバル都市」においては、専門的知識を用いて経営やその支援にあたるプロフェッショナル達の高額所得層と、それらの階層の業務や生活に必要とされるサービス業に従事する、相対的にみて低所得層が並存するようになり、所得階層における二重構造が生まれてくる。

脱国籍化（Denationalization）

「グローバル都市」におけるビジネスには、トランスナショナルな経営や外国企業とのM&Aや戦略的提携、世界中の投資家からの資金の調達と投資家への利益の配分、ビジネス環境の整備のための各国政府への働きかけ、などがあるが、こうした業務を遂行するための人材は、世界各国から供給されている。ロンドンの金融業に働く人材のうち、イギリス国籍をもつイギリス人は約三分の一程度で、残りの三分の二は、フランスやドイツを始めとするヨーロッパ各国、アメリカやカナダ、日本や中国を含むアジ

ア各国やオーストラリアなど世界中から集まっている。ロンドンはイギリスであって、イギリスではない、あるいは、ニューヨークはアメリカであって、アメリカではない、という特別な場所となっている。東京においても、都心4区と呼ばれる地域、特に赤坂や六本木周辺は、いわゆる「外国人の街」としての性格が強い。

　このような外国人の存在の大きな「グローバル都市」では、極めてコスモポリタンな文化や街の雰囲気が横溢することになる。それと同時に、「グローバル都市」におけるビジネスは、世界共通の標準（スタンダード）を求める。ビジネスの対象が本質的にトランスナショナルであることによって、国ごとの制度や文化の違いを超えて、いつでも、どこでも通用するルールと標準化を要請する。その例は、企業会計における国際標準化への圧力で、事実上の国際標準とよばれるデファクト・スタンダード（de facto standard）としての会計基準が採用されるようになっていることにみられる。各国において制度化されてきたルールや標準が、市場化原理に基づいて、TNCにとって、しかも、英米系TNCや金融機関にとって好都合な標準へと変更されてきている。

　こうしたトランスナショナルなルールと標準の採用は、「グローバル都市」において採用されたものが、そのまま世界標準となっていく。このような、「グローバル・スタンダード」への動きを、脱国籍化（Denationalization）とよぶ。その意味では、「グローバル都市」は、所在する国の代表的都市であるとともに、「脱国籍化している都市（Denationalized City）」ともいえよう。

　「グローバル都市」は、情報、人材、そして資金のトランスナショナルの流れの結節点であり、司令塔ともいえる。そして、サッセンの指摘する「グローバル都市」の3都市は、それぞれ別々に存在しているのではなく、相互に連動し、共振しあいながら、一体となって、その影響力を、文字通り「グローバル」な規模において行使している。そして、その影響力のもとで、各国においても、国際的競争力の源泉としての、この「グローバル都市機能」を醸成し、育成する努力が重ねられている。その結果、金融機

能を中心とする、世界規模における都市の階層的再編と新秩序の形成が行われている。ヨーロッパでは、ロンドンに次ぐレベルとして、フランクフルト、パリ、アムステルダム、チューリッヒなどが展開し、アジア・太平洋地域においては、東京に次いでシドニー、ソウル、上海、香港、シンガポール、ムンバイなどが「グローバル都市」機能を急速に整備している。中南米では、サンパウロやメキシコ・シティがこれに該当する。さらに、オイルマネーを背景に、湾岸地域ではドバイなどが台頭し、カリブ海を中心に広がるオフショア金融センター（タックス・ヘブン）も、トランスナショナル金融ネットワークの一部を構成している。また、アメリカ国内でも、第2の金融都市シカゴとともに、カリブ海や中南米地域の中心としてマイアミが台頭してきている。そして、この層の下に、各国の金融センターが並んでいる。

　1980年代から形成されてきたトランスナショナルな機能を集積した「グローバル都市」のシステムは、それまでのような巨大な金融資本としてだけではなく、システムの効率化と発展のために必要とされる制度変革と経済政策の目標の設定を、各国政府に対して要求する存在にまでなってきている。また、世界貿易機関（WTO）や国際通貨基金（IMF）などの国際機関に対しても、知的財産権の擁護や為替管理などの領域において大きな影響力を持つようになっている。民間セクターでありながら、国に対してはトランスナショナル化を推進する規制緩和などの立法措置や、移民政策などにおける行政のイニシアティブを促し、地方自治体に対しては、インフラ整備、都市再開発などの公共事業の拡大を要求する。少なくとも、2007年におけるサブプライム・ローン問題に端を発する世界的金融危機の顕在化までは、市場化原理に基づくトランスナショナル資本のビジネスモデルに疑いの目を向け、その行動に歯止めを掛けようとする政府は少なかった。むしろ、各国政府や公的部門は、市場化原理の露払いを務め、後押しをする役を買って出ていたとさえいえよう。

2 国家の退場と再登場

政府の役割の変質と非国家的行為主体（Non-State Actors）

　トランスナショナル資本の影響力の増大は、政府の役割を変質させている、そして、その背景には、非国家的行為主体（Non-State Actors）の役割が大きくなってきている、と前出のサッセンは指摘する。サッセンによれば、国家は、2種類の非国家的行為主体に挟撃されているとする。第1は、超国家的組織（Supra-national Organizations）である。これは、国際連合（United Nations）やWTO、IMFなどの国際機関をさすもので、各国政府は、こうした超国家的組織のメンバーになることで、はじめて、経済成長のゲームに参加することが可能となる。また、それらのメンバーであることは、こうした組織のルールに従うことを意味する。それだけ、政府の政策は制約を受けることにもなる。

　第2のものは、サブ・ナショナルな組織（Sub-national Organization）である。これは、形の上では、国家の枠組みのなかで成立している組織であるが、自国以外の同類の組織との間の関係については、国家や政府の役割を介さずに、直接、つながっているような組織のことである。具体的には、TNCなどのトランスナショナル企業や、環境保護や人権擁護などの非営利組織（Non-Profit Organizations : NPO）や非政府系組織（Non-Governmental Organizations : NGO）などである。これらの組織は、それぞれの国においては、法人として登録され、法人に関する法律などに従うものであるので、全く、国家や政府から独立した存在というものではないが、しかし、その活動は、法律などの制度的制約の下で、TNCのように、自由にトランスナショナルな活動を行なっている。

　いわば、これらの2種類の組織によって、かつては、国家や政府が独占的かつ一元的に管轄し制御してきた、トランスナショナルな関係事項の多くが、裁量の領域を狭めている、すなわち、挟撃されている、ということになる。

カジノ資本主義

このような国家主権の制限や政府の管轄権の縮小という現象を捉えて、「国家の退場（The Retreat of the State）」とよんだのは、イギリスの国際政治経済学者で、既に「カジノ資本主義」との関連でも述べた、スーザン・ストレンジ（Susan Strange）であった。

ストレンジは、1986年に『カジノ資本主義（*Casino Capitalism*）』を著し、トランスナショナル金融資本の本質を「賭博性」にあるとみなし、その後、1988年には、『国家と市場（*States and Markets*）』、1996年には、『国家の退場：世界経済における権力の拡散（*The Retreat of the State: The Diffusion of Power in the World Economy*）』、そして、1998年には、『マッド・マネー（*Mad Money*）』を著し、トランスナショナル金融資本の拡大と高度化、そして国家権力との間における相対的な支配力の増大と、その危険性を明らかにし、ある意味では、2007年以降の世界的金融危機と巨大金融資本の破綻を予言していた。

ストレンジは、カジノ資本主義の台頭と、その裏腹の関係にある国家権力の退潮という現象の背景には、それまでの国力というものに大きな変化があったとみなす。それは、第2期グローバリゼーション（帝国主義・植民地主義の時代）の国力が、支配する領土とその資源、そして、人口に依存するものであったのに対して、第3期のグローバリゼーションに当たる時期になると、国力は、経済力や技術革新の力に相対的比重が移り、国家間の競争優位性の基準に変化が起こってきた。このような背景の下、国家の役割である、安全保障、経済成長と雇用の創出、通貨管理の領域において、変質が余儀なくなってくる。その第1は、大きな政府（福祉国家）を支える財政的基盤が失われ、各国は、規制の緩和による政府裁量の後退、公共事業の民営化による公的部門の縮小を行うようになる。第2には、経済のトランスナショナル化を促進し、民間企業の対外直接投資を促し、技術革新基盤の支援によって国際競争力を強化する政策を採用するようになる。第3には、財政や通貨管理の独立性が後退し、TNCや巨大な投機的ファンドの台頭によって、国内外において徴税権が制約を受けるようにな

る。さらに、先端的情報通信技術によって武装した国際マフィアや国際テロ組織が国家主権を脅かす存在にまでにいたっている。

トランスナショナル資本と市場化原理

　このような変化について、国際政治や国際関係の専門家は、新たな国家間関係が生まれてきて、世界は冷戦の2極構造から、多角化した多極構造へと移っていくと分析するが、ストレンジは、こうした議論が、1980年代以降の変化の本質を見落としているとする。変化の本質は、既存の国家間関係ではなく、トランスナショナルな力の台頭であることをストレンジは明らかにし、そのようなトランスナショナルな力の本質を、市場化原理、技術革新、そして、トランスナショナル化を促す政治的交渉力の3つの力の合成であるとする。ここでいうところの、市場化原理とは、政府の再配分機能を極力抑えて、あらゆる資源の配分機能を市場の裁定と判断に委ねることが、資源の効率的利用と社会正義に適っているとする立場のことである。そして、トランスナショナル化を促す政治交渉力とは、WTOやIMFなどの国際機関においてや、各国政府の立法府や行政府に対して市場化を推進することを促す政治家や経済官僚の勢力のことを指す。

　トランスナショナル資本の市場化原理は、それまでは、対外経済関係の主役であった政府の存在を後退させ、いわば、政府が図柄であり、企業が背景としての地であった構図を逆転させ、TNCが図柄となり、政府は、その背景となるような変化のことを、ストレンジは、「国家の退場」とよんだ。1970年代から始まった先進各国政府首脳の直接的対話の機会である「サミット」は、国際関係の延長線上にあるが、1990年代から注目されるようになってきた「世界経済フォーラム」主催のダボス会議には、TNCの最高経営責任者や環境問題に取り組むNPOのリーダー達が、世界各国の政治指導者や政府首脳に混じって出席し、大きな役割を果たしている。

　しかし、この逆転劇には思わぬ展開が待ち受けていた。2007年から始まった世界的な金融危機は、トランスナショナル化を標榜する多くの金融

機関を破綻に追い込み、金融システムそのものを崩壊の瀬戸際にまで追いつめた。各国政府や中央銀行は、形振り構わず、公的資金を金融機関に注入して破綻の連鎖を回避し、金融システムへの規制を強化し、各国政府による危機回避へ向けた国際協調によって問題に取り組むことを余儀なくさせられている。一度は、地へと後退した政府や公権力は、再び前面に再登場し、トランスナショナル経済のなかで不可欠な図柄として浮かび上がり、巨大金融機関は地へと後退してきている。とりわけ、トランスナショナル化の最大の推進役であったアメリカは、1990年代以降、2000年のITバブルの崩壊に続いて、再び、金融バブルの崩壊という現実に直面することとなった。いわば、シリコンヴァレーとウォール・ストリートというアメリカ経済を牽引してきた2つのビジネスモデルが行き詰ったといえる。さらに、クリントン政権からブッシュ政権へと続く16年間には、最大手の投資銀行ゴールドマン・サックス社の最高経営責任者を経験した財務長官が2代にわたって、アメリカ政府の経済の舵取り役を務めてきた。ストレンジのいうところの「政治的交渉力」の頂点に立つ人物達である。そして、制御不能に陥った金融市場の現実を、クルーグマンは、金融の規制が及ばない無法地帯を闊歩してきた「影の金融システム（Shadow Banking System）」が崩壊に直面している、と評し、「規制なき市場はない」と断言している。

しかし、問題は、金融システムの再建と、新たな規制の強化に終わるものではない。市場化原理を支えてきた政府はまた、トランスナショナル化への対応として、経済活動における国際競争力、特に、輸出競争力の強化を支援する政策を遂行してきたが、この政策モデルそのものについても見直しが迫られている。

3　国の競争力と市場化原理

競争力イデオロギー

第2章の貿易と直接投資の拡大の現状でもみたように、経済活動のトラ

ンスナショナル化が進展すると、世界の総貿易額が増大するとともに、各国間における貿易の不均衡が生まれ、さらにこの不均衡が拡大する。特に、発展途上国の工業化や、それに基づく輸出の増大は、先進国経済の一部に産業構造の転換を迫ることになる。先進国経済においても、比較劣位に置かれた産業は衰退し、雇用は失われる。自由貿易の基本理論によれば、こうした事態は避けることはできないし、また、避けるべきではない。自由貿易理論によれば、輸出競争力は相対的なものであり、比較優位の原則に従う、とされる。

しかし、こうした外生的転換は、先進国においては、経済的な危機感として捉えられ、政治問題化しやすい。衰退化する産業や失われる雇用を守ろうとして保護貿易に走れば、市場化原理は貫徹しないし、外国の報復的措置を招きかねない。そこで市場化原理を信奉する人々は、産業の振興と衰退地域の活性化、雇用の増大を生み出すような、新たな神話を創造することになる。それが、「競争力（Competitiveness）イデオロギー」である。

1980年代に入ると、アメリカは日本を始めとする他の先進工業国からの輸出攻勢に直面し、貿易赤字が拡大し始め、一部の製造業は衰退し産業の空洞化が叫ばれようになる。こうした事態に対して、アメリカ政府は、産業別に自国の競争力を調査し、対外経済戦略ならびに国内の産業政策を練り直すことになる。こうしたなかで登場したのが、個々の企業の競争力に注目した「競争優位性（Competitive Advantages）」論であった。

ポーターの競争優位論とクラスター概念

TNCの競争優位性について競争戦略論を構築してきたハーバード大学経営大学院教授のマイケル・ポーター（Michael Porter）は、企業活動を、一連の付加価値創造過程として捉え、このような過程を、価値連鎖（Value Chain）とよぶ。そして、究極的な企業の競争優位性は、企業における価値連鎖全体の革新を如何に行うかにかかっているとする。そこで、ポーターは、価値連鎖に関わる要因として、①投入要素（供給）条件、②需要条件、③競争環境と競争戦略条件、④関連産業支援条件の4つの要因を挙

げ、それらを相互に影響を与え合う図式（ダイヤモンド・モデル）に纏め上げる。ここから、ポーターは、競争優位性をもつ企業となるためには、より優れたサプライ・チェーン（供給条件）や、より先進的な顧客を持つこと（需要条件）だけではなく、優れた競争戦略を持ち、かつ、関連支援組織や公共部門との協力（集積効果や外部性）も重要になってくるとする。こうした考えに基づいて、ポーターは、『国の競争優位 (*The Competitive Advantage of Nations*)』のなかで、このような4つの条件を関連付けた産業集積を「クラスター (Cluster)」とよび、クラスターを、「特定分野における関連産業、専門性の高い供業者、サービス提供者、関連業界に属する他の企業、関連機関（大学、研究機関、規格団体など）が、地理的に集中し連携し協力しつつ、同時に互いに競争し合っている状態」と定義する。このようなクラスター概念によって、ポーターは、産業の空洞化や地域における産業の衰退化を見直し、多様な企業間における補完性と外部経済効果によって地域経済を再編することが、衰退する産業に活路を与え、地域を再生し、産業や地域の競争力を増大化することとなるとした。

このクラスター・モデルによって産業や地域の再生を試みるプロジェクトが、アメリカや日本をはじめ、先進工業国において取り組まれるようになっている。このクラスター戦略は、産業や地域経済の再編を通じて、国の競争力を高めるものと信じられてきた。

クルーグマンの批判

TNCなどの企業モデルからの類比（アナロジー）によって、国の国際的競争力を高めようとする「競争力イデオロギー」に対して、貿易理論と空間経済論の第一人者であるクルーグマンは、一国の経済的成功は、その国の国際的競争力によって大半は決定される、ということはなく、そのような考えは誤りであり、そうした競争力神話こそ、「危険な妄想 (Dangerous Obsession)」でしかない、と痛烈に批判する。国際的競争力としばしばみなされる輸出競争力についてみると、輸出競争力の低下によって失われる雇用の量は、アメリカのような大規模な経済では、経済全体からするとそれほど大きなものではなく、アメリカの経済生活水準 (Standard of Living)

は、経済全体の生産性の向上に依存しており、アメリカ経済の大半を占める、輸出競争力とは無縁の国内経済の生産活動と消費活動の動向に依存している。第2章のトランスナショナル度指標の節でもみたとおり、経済の規模が大きくなればなるほど、指数は低下する傾向があり、アメリカ、日本、ドイツは先進国のなかでもトランスナショナル度指標は先進国中でも低く、平均以下である。

また、クルーグマンは、競争力イデオロギーが示唆するように、競争力を高めるためには、労働者1人当りの付加価値額の大きな先端技術の分野へのシフトが必要という議論についても、アメリカの経済統計を用いて、労働者1人当り付加価値額の大きな産業は、石油精製やタバコ産業のような装置産業であり、航空機産業やエレクトロニクス産業は、製造業全体の平均と同じくらいか、それ以下である、と反論する。

クルーグマンは、このような競争力イデオロギーが何故、危険な妄想であるかといえば、こうした経済事実に基づかない扇動的議論によって、本来あるべき経済政策についての議論がゆがめられ、誤った方向に向かうからであるとする。

企業と国の経済との相違点

競争力イデオロギーの過ちは、それが、企業のモデルを無批判に、一国の経済に当てはめようとしている点にある、とクルーグマンは指摘し、『国は企業ではない（*A Country is not a Company*）』と題する論文で、企業家や経営学者を批判する。一企業の経営実務家と経済学者は異なる考えに基づく、知的には異なる人種であり、企業の実務家は、国の経済の基本すら分かっていないとする。

まず第1に、国の経済は基本的に閉鎖系（Closed System）であるのに対して、企業は、開放系（Open System）である点で基本的に異なっている。ある企業や、ある業種が飛躍的に成長を遂げることによって、投入する資源を飛躍的に増大させることは可能である。しかし、閉鎖系としての一国経済では、ある産業が雇用を急激に増大させれば、その分だけ、他のどこかの産業の雇用が失われることになる。また、ある業種が急激に輸出を増

大させたような場合、他の輸出産業の縮小か、輸入の増大をもたらす可能性は高い。それは、閉鎖系では強い負のフィードバックが作用するからである。しかし、企業の場合には、ある特定の部門の拡大は正のフィードバックをもたらすことによって企業の拡大路線が続くことになる。このように、企業の成長戦略が、そのまま国の成長戦略になることはありえない。

そして第2には、企業と国の経済とでは、その複雑性が桁違いに相違している。いかに巨大なTNCであっても、中核的部門（コア・コンピタンス）を擁し、戦略的に絞り込まれた目標に向けて資源を編成し、一元的に管理することができるが、国の経済では、非常に多様で複雑な業種を膨大な数、抱えているような巨大な組織である。そして、国の経済の運営は、特定の競争戦略ではなく、一般原理に基づいて行われなければならない点が、企業経営と異なっている点である、とクルーグマンは説く。

4　再帰性と共時性：「ソロスの警告」

市場化原理や競争力イデオロギーが批判に曝される中、国際協調を通しての国際的な規制のレジーム（体制）の構築が喫緊の課題となりつつある。国家は退場を迫られる瀬戸際で復権した。公的資金の注入や国際協調のあり方という点で、各国政府や中央銀行の動向がこれほどまでに注目されたことは近年においてない。

国家を迂回するTNCやトランスナショナルな巨大金融機関などのサブ・ナショナルな組織が、国家や政府を動かすという逆転現象には、最終的なリスクの負担を、それらの企業ではなく、政府、そして、税金の投入という形で、その国民が負うという図式が背後に潜んでいたことが明らかになった。破綻に瀕しても、「重要すぎて、潰せない」というジレンマである。

世界的金融危機の発生の中で、有数のヘッジ・ファンドのリーダーであるジョージ・ソロス（George Soros）は、金融市場のあり方についてのパラダイム転換を提言する。ソロスによれば、今回のバブルの形成と崩壊には、市場化原理という誤った認識の枠組みと、さらには、信用膨張を生む偏向

的志向が関わっているとする。市場化による規制の緩和は、市場の魔法によって、最適な均衡へと収斂することを保証するものだという信念が検証なしに受け入れられ、さらに、規制は誤りを引き起こす、という考えが正当化されてきた。しかし、市場化原理そのものも、1つのイデオロギーにすぎず、規制当局が誤りを犯しがちだ、ということをもって、市場は完全だ、ということにはならない、とソロスは主張する。

ソロスは、金融市場を始めとする人間の社会についての知識は、本源的に、完全ではない、とする。いかに情報技術が進歩したとしても、観察者であり、予測者である人間は、対象となる社会の一部分を構成する。そして、対象となる社会事象を完全に認知し、理解しようと試みるが、これは認知機能とよばれるものであるが、それと同時に、観察者であり、予測者は、何らかの願望や期待を持って観察を行い、予測をする、あるいは、予備的な価値判断や偏見（バイアス）をもつものである。これを、知識獲得における操作機能とよぶ。そして、これら2つの機能、すなわち、認知機能と操作機能は互いに干渉しあうことにより、対象となる事象の完全な知識の獲得は不可能となる。そして、株式市場を始めとする金融市場では、認知機能と操作機能はしばしば干渉しあい、結果として、市場は、収斂へ向かうよりは、乖離へと変動することになる。いかなる精緻なモデルの基づく金融派生商品も、この制約から逃れることはできない。思考は現実の一部であるということによる、認知機能と操作機能の干渉作用のことを、ソロスは、再帰性（Reflexivity）とよぶ。そして、ソロスは、従来の市場化原理が想定するような完全情報による最適化モデルではなく、再帰性のモデルに基づく、金融市場の新しいパラダイムの構築を提言している。

ソロスは、金融市場を、ある種の均衡へと向かう物理的で客観的な過程としてではなく、再帰性に基づく歴史的な過程として理解することが必要である、と説く。しかし、人間が、観察者であるとともに、同時に、観察される対象の一部分でもあるということは、共時性によるところのほうが大きいといえよう。互いの認識と思惑が相互の干渉しあうのは、歴史的過

程というよりは、共時的存在であることによって引き起こされるのである。「グローバル都市」の発展も、「国家の退場」という現象も、あるいはまた、市場化原理による金融危機の発生も、この認識と思惑の相互干渉による再帰性が深く関わっているものとみなせよう。そして、空間という枠組みの中での、共時的存在の間の再帰性についての学こそ、地理学にほかならない。

終章　トランスナショナル化する世界の行方

1　古い現実と新しい神話

　トランスナショナル化の展開は、2007年以降、顕在化してきた金融危機によって新たな段階へと突入している。「ねずみ講」と「ババ抜き」と「テコの原理」の合わさった「マネー・ゲーム」は終わった。ソ連邦の崩壊とともに、「計画経済が崩壊したのは、市場原理を理解しなかったからである」という認識が広がり、市場は万能であるという市場化原理となり、それ自体の妥当性の検証を経ることなく自明の真理と化し、新たな神話となってきた。そして現在、その原理に基づくビジネスモデルが破綻し、崩壊した。ゲームは終わり、パーティーは幕引きとなった。宴の後の混乱と静寂のなかにも、新しい夜明けが始まろうとしている。市場化原理は行き詰り、巨大投資銀行は姿を消したが、トランスナショナル化を促してきた、世界を結ぶ七つの海は今もそこにある。そして、朝霧の消えて行く中で、世界の現実が再び立ち現れ、新たな船乗りたちを海へと誘う。バブルの霧の晴れた後、その向こうに存在する世界の現実とは何であろうか。

（1）「10億人問題」と「100億人問題」
　トランスナショナル化する世界の中にあって最も基本的かつ重要な問題は、世界の人口が過去50年間の間に著しく増大し、21世紀の終わりには、100億人に近づくという問題である。図8－1は、国際連合の統計に基づく、1750年から2050年にいたる世界人口の推計値の長期トレンドを示すものである。これによると、1950年頃までの世界人国は、約20億人程度

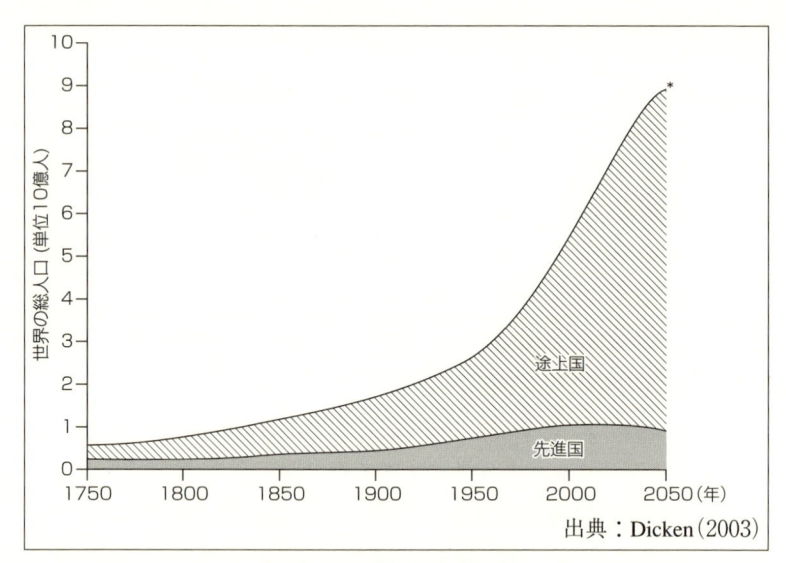

図8-1　世界人口の推計値

であったが、2010年には60億人を突破し、2050年には80億人以上になるものと予測されている。21世紀は、歴史上、かつてない、異常に人口の多い世界となる。2050年時点からみれば、それまでの100年間に60億人以上の人口が増加したことになる。この人口の増加率よりも大きな経済成長が実現しなければ、1人当りの平均所得は低下減少することになる。

　図8-1に見て取れる第2の点は、このような巨大な人口の増加は、発展途上国で起こり、先進国では人口が、高齢化や少子化により、緩やかに減少へと向かう。その結果、実質平均所得は、先進国では生産性の向上にともなって緩やかに上昇することが期待されるが、発展途上国では、経済成長の果実が、増大する人口に吸収されてしまうか、あるいは、一部の富裕層の所得の増加と低所得層の貧困化という格差の増大のいずれかに向かうものと思われる。

　経済のトランスナショナル化によって、経済成長のきっかけと弾みを掴んだ途上国には、さらに大きな困難が待ち受けている。国内の特定の地域、とくに首都への人口流入が加速化していることである。こうした首都やそ

れに準ずる大都市では、雇用の機会とそれにともなう所得の増大を期待する流入人口が後を絶たない。

　1997年に通貨危機を引き起こしたタイの首都バンコックは、首都への一極集中の著しい例の1つである。1990年代の半ば以降、空前の都市開発バブルに見舞われたバンコックは、やがてバブルの終焉とともに、外国からの投資ファンドが逃げ出し、通貨のバーツを維持できなくなり通貨危機を招くことになった。グローバル都市建設を目指した巨額の建設プロジェクトは途中で放棄され、建設工事現場はそのまま放置されたまま残された。こうした再開発をともなう都市開発は、古い都市コミュニティを破壊し、さらに、流入する貧困層による巨大で無秩序な都市スラムを生んでいる。

　同様な都市スラム化は、中国の上海でも、インドのムンバイでも起こっている。映画『スラムドッグ＄ミリオネア』にも描かれているように、トランスナショナル金融都市ムンバイの足元には、都市スラムの貧困と絶望が澱んでいる。世界銀行の推計では、世界の都市スラムに居住し、最貧困の生活を余儀なくされている人口は10億人にも達している。

　都市スラム人口が10億人にも及んでいるという点が第1の人口・経済問題であるとすれば、第2の問題は、世界の最貧困層の内、約10億人は、経済のトランスナショナル化の圏外に置かれている遠隔地の人口である。交通通信革命によって世界が瞬時に結ばれるとしても、そのネットワークの圏外に置かれ、経済成長のきっかけを掴むことができないまま、1日1ドル以下の生活を送っている。中国やインドにもこうした取り残された人口は少なくなく、中央アジア、アフリカ、南アメリカにも最貧困人口は多い。また、世界銀行の推計によれば、第3の問題として、世界の最貧国の最下層の属する貧困層の人口は約10億人にものぼるとされている。10億人といえば、先進諸国の総人口よりも多い。さらに、成長著しい中国についても、2050年には、総人口の約30％以上が、日本や韓国並みの高齢者人口となり、その数は5億人にも及ぶものと推計されている。

こうした人口や貧困の問題と並んで、21世紀の問題として「100億人問題」が深刻化している。それは地球環境をめぐる諸問題で、地球温暖化という気候変動の長期的影響が、地表に棲むこととなる100億人の総ての人間に関わる問題として提起されている。地球環境というシステムの最大の撹乱要因が、人口の増大と、それにともなう経済開発であることは疑いを入れない。既に現在も、地球温暖化やオゾン層の破壊、エネルギー資源としての化石燃料の枯渇化や食糧問題、さらには、水資源をめぐる環境破壊や紛争、など、人口増大と経済開発に起因する環境問題は深刻化している。問題は、経済活動のトランスナショナル化が、このような環境への負荷を増大させているのではないか、という点である。

(2)「格差拡大」の長期的トレンド

　世界の長期的人口増大のトレンドを見ると、産業革命よりはるか昔の西暦1000年前後から徐々に増加傾向が始まり、1500年頃には、世界の総人口は5億人を超えるようになった。そして、産業革命に始まる生産規模の拡大は人口増大傾向を加速化させることになる。しかし、世界人口が5億人から10億人を超えるまでには、数世紀以上の時間がかかったが、19世紀半ばから20世紀の半ばまでの1世紀の間に、世界人口は倍増し、20億人に達した。しかし、その後の半世紀の50年間余りの間に、世界人口は20億人から60億人のレベルにまで達することになった。「第1次グローバリゼーション」や「第2次グローバリゼーション」の時期に比べて、現在の「第3期グローバリゼーション（トランスナショナル化）」の時代は、これまでとは全く異なる現実に直面していることがわかる。

　それでは、この人口が飛躍的に増大した同じ時期に、経済成長はどのように展開してきたのであろうか。図8-2は、国連機関の統計に基づく、国際間における所得格差の長期トレンドを示すグラフである。これは、1820年から1992年に至る時期の5期にわたって、それぞれの時点における、最も豊かな5カ国の1人当り国内総生産額と最貧国5カ国の1人当り国内総生産額を図示し、それらから長期的トレンドのグラフを描いたもの

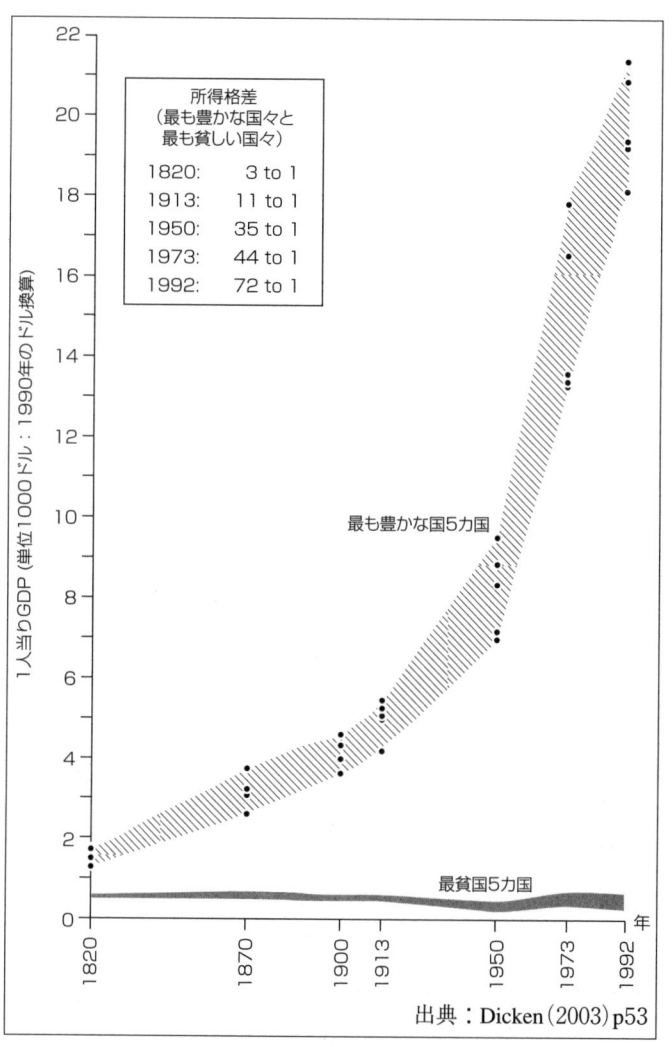

図8-2 国際間の所得格差

所得格差
（最も豊かな国々と
最も貧しい国々）
1820: 3 to 1
1913: 11 to 1
1950: 35 to 1
1973: 44 to 1
1992: 72 to 1

出典：Dicken（2003）p53

1 古い現実と新しい神話

である。

この図と表によると、1820年時点では、最も豊かな国々においても1人当りの国内生産額は2000ドル（1990年時点のドル換算）に達しておらず、その額は、最貧国の1人当り額の約3倍程度であったことがわかる。しか

し、1992年時点では、最も豊かな国々の1人当りの国内生産額は、約2万ドルのレベルに達しており、それは最貧国の約72倍にまでになっている。しかも、こうした所得格差は、時間の経過とともに拡大していることがわかる。とくに、傾向線は、1950年以降急速に上昇しており、格差の拡大傾向は加速化してきているといえる。

一方、最貧国の長期的トレンドは、1820年以降、1992年に至る期間、殆ど変化することなく、平均所得水準は、500ドルか、それ以下に留まっている。この数値は、国連などの定義する最貧国の、1日2ドル以下の所得水準にあたる。第1章でも述べたとおり、こうした1日2ドル以下の所得水準の人口は約40億人にも及び、さらに、1日1ドル以下の所得水準にいる人口は、そのうちの半数の20億人にもなるものと推計されている。このような極貧層人口の約70%は、インドやバングラデシュなどの南アジアとサハラ以南のアフリカにみられる。

このような所得格差の拡大の原因を、トランスナショナル化に求める議論もあるが、同時に、経済のトランスナショナル化を急速に進展させてきた、中国を始めとする東アジアや、東南アジアの諸国では、1987年から1998年までの期間に、約2億人もの人口が、極貧層人口からの脱却に成功してきたというデータも存在している。トランスナショナル化が広範囲にわたる長期的停滞を生む原因なのか、あるいは、そこからの脱却の糸口を与える魔法の杖なのか、議論が分かれるところである。

2　オウルの奇跡：フィンランドの豊かさの秘密

近年、世界各国の豊かさの比較や、知識情報社会化における教育水準の国際比較などのランキングで、常に上位を占めるようになってきた国の中には北欧諸国の健闘ぶりが際立っている。特に、人口500万人余りのフィンランドは内外から注目を集めるようになっている。

フィンランドといえば、日本では、「サウナとノキアとキシリトール」で知られるようになったが、何故、北欧の1国がそのような豊かさと教育

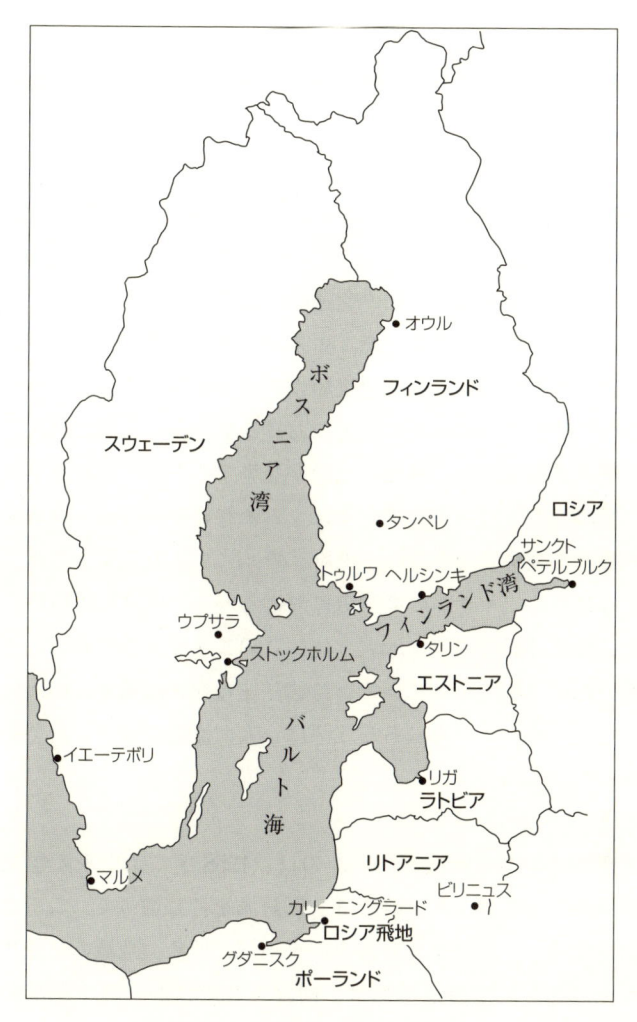

図8-3 オウルとフィンランド

水準の高さを示すようになったのかは、余り知られていない。

　図8-3のフィンランドとその周辺の諸国の地図にも現れているように、フィンランドは、ロシア、スウェーデン、そして、ドイツなどの大国に囲まれた地政上の位置を占めており、国土の大半は森林と、氷河地形による無数の湖からなっている。ロシアのヨーロッパへの窓口として開かれた旧

首都サンクト・ペテルブルクへとつながるフィンランド湾の北に位置し、首都のヘルシンキをはじめ、主要な都市は中世以来、湾に沿った南部地域に集中している。

　首都ヘルシンキから北へ約600キロメートル離れ、北極圏に程近い、北部の都市オウルは、ボスニア湾に面する港町である。開発の進んだ南部と最北部のラップランド地方を結ぶ交通の結節点として、古くは、スウェーデンによって開かれた町であった。ボスニア湾岸の寒村として、地域で採取されるタールを原料に、木造の帆船のタール塗装によって細々と生計を営んできた。それは、オウルの歴史におけるタールの「黒の時代」である。しかし、産業革命以降は、鋼板の汽船が登場すると、タール産業は衰退し、代わって登場してきたのが外国資本による木材産業や製紙・パルプ工業であった。豊かな森林資源を基に、港町オウルには木材工場や製紙工場が立地するようになる。オウルの産業史におけるパルプの「白の時代」である。

　しかし、雇用は局所的で、地域全体は昔のままであり、若い人々は、豊かな南部の都市や隣国スウェーデンに移り住むか、出稼ぎに出かけることが少なくなかった。オウルのある北部は、人口流出の激しい典型的な過疎地帯であった。

　そのオウルに大きな転機が訪れたのは、1958年にオウル大学が創設された時である。フィンランド政府は、反対派を押し切って、この北部の港町に大学を建設し、流出する若者人口を地域に留め、地域の活性化を図ることとした。さらに、1965年には、創設されたばかりのオウル大学工学部に、電気工学科が新設され、ユハニ・オクスマン（Juhani Oksman）が初代学科長として就任する。当時の先端技術である無線技術やレーダーの研究を推進するオクスマンにとって最大の問題は、優秀な技術研究者である教授をリクルートすることであった。創立間もないオウル大学の知名度は低く、その存在さえ知らない人々もまれではなかった。そうしたなか、オクスマンが白羽の矢を立てたのが、当時、電信ケーブルや無線電話の開発を行っていたノキア社の無線電話開発部長のマッティ・オタラ（Matti

Otala）であった。

　オウル大学工学部電気工学科教授に就任したオタラは、主として、電気技師を養成するカリキュラムを、先端技術であるエレクトロニクス研究へと改組し、電子工学のエンジニアを養成することを目指すこととした。時代はやがて、IT革命の時代となり、オウルの町には急速にノキア社をはじめとするIT関連企業が立地するようになり、オタラは、VVTエレクトロニクス研究所を設立し、自らその所長に就任した。1980年代になるとノキア社のオウル進出は大規模化し、オウルの町はフィンランド屈指のエレクトロニクス産業の都市に変貌を遂げる。さらに、IT産業を基盤とする、新たな国家レベルのテクノポリス構想の下、バイオ・メディカル研究開発施設も建設されるようになる。そのひとつがメディポリス社で、バイオ・メディカル関連の起業支援とマーケティングを行い、1990年代に入ると、ノキア社のノキア・テレコミュニケーションズは、オウルにおける事業を大幅に拡大し、数多くの関連企業がオウルに立地するようになる。オウルのテクノポリスにはハイテクの一大集積が生まれ、その集積がさらに集積をよぶ、という発展の軌道に乗る。

　オウルを一大拠点とするノキア社は、全世界の携帯電話市場の約40％という圧倒的な市場占有率をもち、ヨーロッパはもとより、中国をはじめとするアジア市場でも優位性を誇っている。オウルは、半世紀前には過疎地域の小都市にすぎなかったが、現在は、市の人口だけでも22万人を擁する、フィンランド第4の都市にまで成長を遂げた。2000年時点では、オウルの産業クラスターには、IT関連の製造業・ソフトウェア企業は、約500社、関連サービス企業も1000社近くに及んでいる。これらのIT関連企業だけでも約2万人の雇用があり、大学生も約2万人、高校生も含んだ学生の数は5万人にもなるほどの教育と産業の都市である。

　オウルの奇跡は、どこか、アメリカのシリコンヴァレー神話と共通するところがある。1950年代から始まる、大学の工学部を中心とするエレクトロニクス技術の開発と若くて優秀な人材の供給、そして、爆発的なIT

革命の波に乗って飛躍的に発展し、世界市場への進出と、両者は、規模こそ違うものの、似たような軌跡を描き現在に至っている。しかし、オウルの奇跡には、その背後に、オウル市を始めとする地方政府の先見性と、不退転の長期的な政策的努力の積み重ねがあったことは忘れてはならない。オウルの発展は、南部の既成産業集積が抱く偏見への不断の挑戦の結果であった。そして、その象徴が、「絶対に成功しない」といわれていたオウルのテクノポリス構想の実現であった。オウルの奇跡は、北極圏のオーロラが及ぼす電離層への影響の研究とそれに関連する無線技術の開発が発端であった。奇跡は、「オーロラの賜物」であったともいえる。

3 空間経済システムの再設計をめざして

　世界のトランスナショナル化が進展する中で、世界的金融危機が発生し、あらためて、その危機の広がりと深さから、トランスナショナル化の実態が浮き彫りになってきている。先進諸国や新興経済圏において巨額の富が消失してしまったが、リスクは世界を電子のスピードで駆け巡り、そして、それを制御する組織も手段も存在していなかった。1929年のアメリカのウォール街の株式市場の大暴落から始まった世界恐慌によって、世界の貿易は急速に縮小し、世界大戦の結果、世界経済における相互依存性は大幅に縮小し、それが大恐慌以前のレベルに戻るのは、実に、1970年代に入ってからのことである。第2次世界大戦後の世界経済の基本設計は、ブレトンウッズ体制にみられるが、この体制が崩壊し始めるのも同じ時期であった。しかも同じ時期には、情報通信革命が起こり、これによって金融革命が触発され、世界の資金の動きには大きな変化が生まれ、証券化や金融派生商品が登場し、ヘッジ・ファンドや投資銀行が、金融サービス産業の新たな主役として台頭するようになった。そして、規制なき市場化原理とモラル・ハザードによって、多くの主役達は破綻に至り、そして、それらがもたらした経済危機の中で、各国政府や中央銀行は新たなトランスナショナル経済体制の再設計の試みを行っている。

それでは、このような新たな体制の設計について重要な点はどのような点であろうか。
　まず第1に、トランスナショナル化する世界は、極めて複雑なシステムであるという点である。クルーグマンは、すでにみたとおり、「国は企業ではない」といったが、それに倣っていえば、トランスナショナル化する世界は、各国を足し合わせたものではなく、それ以上のものであり、極めて複雑なシステムである、ということになろう。ブレトンウッズ体制は、アメリカ経済が圧倒的に大きく、基軸通貨としてのドルは不動の強さを持っていたことを背景に成り立っていた。しかし、トランスナショナル化する世界における新たなシステムは、アメリカはもとより、EUや日本、東アジア諸国やその他の新興経済国、そして、産油国などの資源大国の利害が複雑に絡み合うシステムとなる。
　第2には、新たなシステムは、創発性と共振性のもとに、極めて複雑でダイナミックな動きに対応するものとならなければならない。技術革新を始めとする多様な革新こそシステムを動かす原動力となることは間違いないが、世界金融危機で明らかになった点の1つは、金融サービス産業における革新のスピードと、これを規制し制御するシステムの側における革新のスピードとの間に大きな差が生じ、結果として、危機を回避、あるいは制御することができなかったという点である。部分システムにおけるシステム崩壊が起こっても、全体システムを維持し、部分システムの破綻を局所化できるようなシステム設計が必要となる。トランスナショナル化は、部分システム間の共振性を増幅する正のフィードバックがかかりやすくするために、規制緩和と自由化という創発性を促す手段と、共振性の制御という新たな規制とのバランスが重要となる。
　第3には、新たなシステムを、空間経済システムの制御として捉え、複雑系に基づく空間経済モデルを、既存のモデルに組み込むことである。そのことの必要性は、トランスナショナル化する世界における資金、人的資源、そして革新の分布が極めて偏在しているからに他ならない。「グローバル都市化」が生み出す都市スラムや、トランスナショナル化に置き去りにされながらも地球環境問題や飢餓に直面する膨大な人口は、極めて空間

的（地理的）な事象でもある。トランスナショナル化する世界は、また、地理の共時的世界でもある。

4　エピローグ：「七つの海・七つの空」

　10年ほど前、21世紀を迎えようとしていた頃、シティ・コープ（シティ・グループの前身）のジョン・リード（John Reed）会長は、21世紀は、グローバリゼーションの時代であり、情報通信技術の更なる発展によって、地球上のどの場所にいたとしても、同じように暮らしていけるようになる、つまり、地理が消滅する時代となる、と予言していた。それから僅か10年ほどが経過し、消滅したのは、地理ではなく、世界の巨大投資銀行であった。

　トランスナショナル化する世界においては、危機そのものもトランスナショナル化する。そして、世界に君臨してきた巨大金融機関と、そのビジネスモデルという名の無敵艦隊は、海の藻屑となり、消え去った。しかし、それは、トランスナショナル化の終わりではない。終わりの始まりですらない。恐らく、始まりの終わりであろう。

　スペインの無敵艦隊が消滅した後、世界地図は、それ以前のものとは大きく姿を変えた。新しい世界経済地図に台頭する勢力とはいかなるものであろうか。そして、それらは、消え去った無敵艦隊の「クローン」なのであろうか。あるいはまた、新たなトランスナショナルな規制の体制化は、どのように行われていくのであろうか。そして、貧困と格差という古い現実に取り組むために、どのような新しい神話が創り出されていくのであろうか。総ては未だ不確実の中にある。それは未来が不確実であるためということもあるが、我々自身が、そのような未来の航海図の一部であるために他ならない。

　クルーグマンは、経済という複雑なシステム全体を理解するための最良の方法の1つは、都市を観察し、理解することであるといっている。その

ひそみに倣えば、トランスナショナル化する世界を理解するためには、地表に繰り広げられている様々な人間の活動を歴史的背景と地理的文脈において観察し、理解を深めることが重要になる。そして、ソロスのいうように、そのような世界の理解は完全ではありえない。それは、我々が世界の一部であり、人間は世界をあるがままに認知したいと思っていることと、世界に影響を及ぼし、世界を変革したいという、操作し働きかけることを同時に行っているからである。

　しかし、そのような不確実で、可謬性を秘めた世界の中でも、1つだけ確実にいえることは、一度、解き放たれた人間のもつ、未知への探求心と富への欲望には変わりも、終わりもないということである。600年前、西洋の辺境であったポルトガルの南西端、サグレス岬の要塞から飛び立った漆黒の鷹は、未知への飽くなき挑戦と富への限りなき野望を抱きつつ、「七つの海・七つの空」を今もなお、高くそして強く、飛び続けているのである。

4　エピローグ：「七つの海・七つの空」

引用文献・参考文献一覧

　以下に本著の内容に関わる文献を掲げますが、【引用文献】とは、厳密な意味での引用文献ではなく、各章において言及されている文献や資料などのことを意味します。また、【参考文献】という場合には、各章の内容についての網羅的な文献ガイドというものではなく、著者が執筆に際して参照した文献というほどの意味であります。また、現在、比較的入手しやすい文献に限らせて頂きました。ここ10年間ほどの間に、それこそ山ほどの「グローバリゼーション」関連の文献が出版されてきましたが、それらを逐一紹介するものではなく、むしろ、本著の内容を理解することで、玉石混交の中から本物を選ぶ選択眼を養って頂けたらと思います。

第1章
【引用文献】
　　Meinig, Donald W. (1998) *Transcontinental America, 1850-1915* (*The Shaping of America*, Vol.3) Yale University Press
　　World Bank (2008) *Reshaping Economic Geography : World Development Report 2009*, World Bank
【参考文献】
　　岡本義行（1994）『イタリアの中小企業戦略』三田出版会
　　小川秀樹（1998）『イタリアの中小企業：独創と多様性のネットワーク』ジェトロ
　　金七紀男（2004）『エンリケ航海王子：大航海時代の先駆者とその時代』刀水書房
　　宮崎正勝（2007）『ザビエルの海：ポルトガル「海の帝国」と日本』原書房
　　米倉誠一郎（1999）『経営革命の構造』岩波新書
　　読売新聞（2008）「中国疾走：揺らぐ世界③」2008年3月27日朝刊 P9

若桑みどり (2003)『クアトロ・ラガッツィ:天正少年使節と世界帝国』集英社

Dicken, Peter (2003) *Global Shift (the fourth edition) : Reshaping the Global Economic Map in the 21st Century*, SAGE Publications

Dunford, Michael (2006) "Industrial Districts, Magic Circles, and the Restructuring of the Italian Textiles and Clothing Chain" *Economic Geography* Vol.82 No.1 pp27-59

Morris, Jan (1968) *Heaven's Command, Pax Britanica, Farewell the Trumpets,* Faber and Faber

Piore, Michael J. and Sabel, Charles F. (1984) *The Second Industrial Divide : Possibilities for prosperity*, Basic Books(邦訳　山之内靖・永易弘一・石田あゆみ訳(1993)『第二の産業分水嶺』筑摩書房)

Rivoli, Pietra (2005) *The Travel of a T-Shirt with Global Economy : An Economist Examines the Market, Power, and Politics of World Trade*(邦訳　雨宮寛・今井章子訳(2007)『あなたのTシャツはどこから来たのか?:誰も書かなかったグローバリゼーションの真実』東洋経済新報社)

第2章

【引用文献】

ジェトロ編 (2008)『ジェトロ貿易投資白書2008年版:内と外の一層のグローバル化を目指す日本経済』ジェトロ(日本貿易振興機構)

Dicken, Peter (2003) *Global Shift : Reshaping the Global Economic Map in the 21st Century*, SAGE Publications

United Nations (2008) *World Investment Report 2008*, United Nations

【参考文献】

Stiglitz, Joseph E. (2002) *Globalization and its Discontents*, Norton

第3章

【引用文献】

杉浦章介 (2003)『都市経済論』岩波書店

Dell, Michael (1999) *Direct from Dell : Strategies that Revolutionized an Industry*（邦訳　國領二郎監訳・吉川明希訳（1999）『デルの革命：「ダイレクト」戦略で産業を変える』日本経済新聞社）

Fields, Gary (2006) "Innovation, Time,and Territory : Space and the Business Organization of Dell Computer", *Economic Geography* Vol.82 No.2 pp119-146

Krugman, Paul and Obstfeld (1997) *International Economics the fourth edition*, Addison Wesley

Krugman, P., Venables, A., and Fujita, M., (1999) *Spatial Economy : Cities, Regions, and International Trade*, MIT Press（邦訳　小出博之訳（2000）『空間経済学：都市・地域・国際貿易の新しい分析』東洋経済新報社）

Prize Committee of The Royal Swedish Academy of Sciences (2008) "Trade and Geography: Economies of scale, Differentiated Products and Transport costs. "October, 2008. http://nobelprize.org.

【参考文献】

津田一孝（2007）『世界へ：デンソーの海外展開』中部経済新聞社

Arndt, Sven and Kierzkowski, Henryk (eds.) (2001) *Fragmentation : New Production Patterns in the World Economy*, Oxford University Press

Greenaway, David and Milner, Chris *The Economics of Intra-Industry Trade*, Blackwell（邦訳　小柴徹修・栗山規矩・佐竹正夫訳（2008）『産業内貿易の経済学』文眞堂）

Jovanovic, Miroslav N. (2001) *Geography of Production and Economic Integration*, Routledge

Krugman, Paul (1991) *Geography and Trade*, MIT Press（邦訳　北村行伸・高橋亘・妹尾美起訳（1994）『脱「国境」の経済学：産業立地と貿易の新理論』東洋経済新報社）

Krugman, Paul (1997) *Development, Geography and Economic Theory*, MIT Press（邦訳　高中公男訳（1999）『経済発展と産業立地の理論：開発経済学と経済地理学の再評価』文眞堂）

Massey, Doreen (1984) *Spatial Divisions of Labour : Social Structures and the Geography of Production*, Macmillan

第4章
【引用文献】

Dicken, Peter (2003) *Global Shift the fourth edition*, SAGE Publications

Gassmann, O. Reepmeyer, G. and Von Zedtwitz, M. (2004) *Leading Pharmaceutical Innovation : Trends and drivers for Growth in the Pharmaceutical Industry*, Springer-Verlag

Soros, George (2008) *The New Paradigm for Financial Markets : The Credit Crisis of 2008 and What It Means*（邦訳　徳川家広訳『ソロスは警告する：超バブル崩壊＝悪夢のシナリオ』講談社）

United Nations, *World Investment Report 2008*, United Nations

Vernon, R (1966) "International Investment and International Trade in the Product Cycle" *Quarterly Journal of Economics* Vol.80 pp190-207

【参考文献】

Chandler, A. D. Hagstrom, P and Solvell, O. (eds.) (1998) *The Dynamic Firm : The role of Technology, Strategy, Organization, and Regions*, Oxford University Press

Dunning, John H. (1993) *Multinational Enterprises and the Global Economy*, Addison-Wesley

Dunning, John H. (2002a) *Theories and Paradigms of International Business Activity*, Edward Elgar

Dunning, John H. (2002b) *Global Capitalism, FDI and Competitiveness*, Edward Elgar

Markusen, James R., (2002) *Multinational Firms and the Theory of International Trade*, MIT Press

Polenske, Karen R. (2007) *The Economic Geography of Innovation*, Cambridge University Press

Steinfeld, Edward S. (2007) "Innovation, integration, and technology upgrading in contemporary Chinese industry", pp289-309 in Polenske (2007)

第5章

【引用文献】

藤本隆宏・武石彰・青島矢一（編著）『ビジネス・アーキテクチャ：製品・組織・プロセスの戦略的設計』有斐閣

Clark, Kim B. and Baldwin, Carliss (2000) *The Power of Modularity* (*Design Rules*, Vol,1), MIT Press

Strange, Susan (1998) *Mad Money*, Manchester University Press

【参考文献】

青木昌彦・安藤晴彦（編著）(2002)『モジュール化：新しい産業アーキテクチャの本質』東洋経済新報社

奥野正寛・池田信夫（編著）(2001)『情報化と経済システムの転換』東洋経済新報社

倉橋透・小林正宏（2008）『サブプライム問題の正しい考え方』中公新書

小林正宏・大類雄司（2008）『世界金融危機はなぜ起こったか：サブプライム問題から金融資本主義の崩壊へ』東洋経済新報社

小林正宏・安田裕美子（2008）『サブプライム問題とアメリカの住宅金融市場：世界を震撼させた金融危機の根幹は何なのか』住宅新報社

Brynjolfsson, Erik and Kahin, Brian (eds.) (2000) *Understanding the Digital Economy : Data, Tools, and Research*, MIT Press

Lathan, Robert and Sassen, Saskia (eds.) (2005) *Digital Formations : IT and New Architectures in the Global Realm*, Princeton University Press

第6章

【引用文献】

ジェトロ編（2008）『ジェトロ貿易投資白書2008』ジェトロ（日本貿易振興機構）

ジェトロ編（2008）『インドオフショアリング：拡がる米国との協業』ジェトロ（日本貿易振興機構）

Dicken, Peter (2003) *Global Shift the fourth edition*, SAGE Publications

Faulconbridge, James R. (2008) "Managing the Transnational Law Firm : A Relational Analysis of Professional Systems, Embedded Actors, and Time-Space-Sensitive Governance "*Economic Geography* Vol.84 No.2 pp185-210

United Nations (2004) *World Investment Report 2004 : The Shift towards Services*, United Nations

【参考文献】

山根裕子（2008）『知的財産権のグローバル化：医薬品アクセスとTRIPS協定』岩波書店

Cullen-Mandikos, Bridget and Mac Pherson, Alan (2002) "U.S. Foreign Direct Investment in the London Legal Market : An Empirical Analysis" *The Professional Geographers*,Vol.54 No.4 pp491-499

Dezalay, Yves and Sugarman, David (1995) *Professional Competition and Professional Power : Lawyers, Accountants and the Social Construction of Markets*, Routledge

Dazalay, Yves and Garth, Bryant G. (1996) *Dealing with Virtue : International Commercial Arbitration and the construction of a Transnational Legal Order*, The University of Chicago Press

Dazalay, Yves and Garth, Bryant G. (2002) *Global Prescriptions : The Production, Exportation, and Importation of a New Legal Orthodoxy*, The University of Michigan Press

Endlich, Lisa (1999) *Goldman Sachs : The Culture of Success*, Alfred A. Knopf

Saxenian, AnnaLee (2007) "Brain Circulation and Regional Innovation : the Silicon Valley-Hsinchu-Shanghai Triangle" pp190-209 in Polenske (2007)

Saxenian, AnnaLee (2007) The New Argonauts : *Regional Advantage in a Global Economy*, Harvard University Press（邦訳　星野岳徳・本山康之監訳（2008）酒井泰介訳『最新・経済地理学：グローバル経済と地域の優位性』日経BP社

Sell, Susan K. (2003) *Private Power, Public Law : The Globalization of Intellectual Property Rights*, Cambridge University Press

Warf, Barney (2001) "Global Dimensions of U.S. Legal Services "*The Professional Geographers* Vol.53 No.3 pp398-406

第7章
【引用文献】

Krugman, Paul (1994) "Competitiveness : A Dangerous Obsession "*Foreign Affairs* pp28-44 1994 March-April, also in Krugman *Pop Internationalism* (1996) MIT Press（邦訳山岡洋一訳「競争力という危険な幻想」、『クルーグマンの良い経済学悪い経済学』所収　日本経済新聞社）

Krugman, Paul (1996) "A Country is not a Company" *Harvard Business Review* 1996 January-February, also in Krugman *Phantasms in Capitalism* (1996)（邦訳　北村行伸訳（1998）『資本主義経済の幻想』所収　ダイヤモンド社）

Sassen, Saskia (2001) *The Global City : New York, London, Tokyo the second edition*, Princeton University Press（邦訳　伊豫谷登士翁監訳　大井由紀・高橋華生子訳（2008）『グローバル・シティ：ニューヨーク・ロンドン・東京から世界を読む』筑摩書房）

Sassen, Saskia (ed.) (2002) *Global Networks, Linked Cities* Routledge

Strange, Susan (1996) *The Retreat of the State : The Diffusion of Power in the World Economy*, Cambridge University Press（邦訳　櫻井公人訳（1998）『国家の退場』岩波書店）

Strange, Susan (1998) *Mad Money*, Manchester University Press（邦訳　櫻井公人・櫻井純理・高嶋正晴訳『マッド・マネー：カジノ資本主義の現段階』岩波書店）

【参考文献】

青木昌彦・奥野正寛・岡崎哲二（編著）（1999）『市場の役割・国家の役割』東洋経済新報社

Amen, M., Archer K. and Bosman, M. (2006) *Relocating Global Cities : From the Center to the Margins*, Rowman & Littlefield Publishers

Cohen, Benjamin J. (1998) *The Geography of Money*, Cornell University Press

Porter, Michael E., (1990) *The Competitive Advantages of Nations*, Free Press（邦訳　土岐坤他訳（1992）『国の競争優位』ダイヤモンド社）

Sassen, Saskia (1996) *Losing Control? : Sovereignty in an Age of Globalization*, Columbia University Press（邦訳　伊豫谷登士翁訳『グローバリゼーションの時代：国家主権のゆくえ』平凡社

Sassen, Saskia (1998) *Globalization and its Discontents*, The New Press（邦訳　田淵太一・原田太津男・尹春志訳『グローバル空間の政治経済学：都市・移民・情報化』岩波書店）

Sassen, Saskia (2006) *Territory·Authority·Rights : From Medieval to Global Assemblages*, Princeton university Press

Slot, P. J. and Butterman, M. (eds.) (2004) *Globalization and Jurisdiction*, Kluwer Law International

Strange, Susan (1986) *The Casino Capitalism*, Blackwell

Strange, Susan (1988) *States and Markets*, Pinter Publishers

終章

【引用文献】

ミカ・クユル著・末延弘子訳（2008）『オウルの奇跡：フィンランドのITクラスター地域の立役者達』新評論

Dicken, Peter (2003) *Global Shift the fourth edition*, SAGE Publications

Krugman, Paul (1996) "The Localization of the World Economy" in Krugman *Pop Internationalism* pp205-214, MIT Press

Krugman, Paul (1996) *The Self-Organizing Economy*, Blackwell（邦訳　北村行伸・妹尾美起訳（1997）『自己組織化の経済学：経済秩序はいかに創発するか』東洋経済新報社）

Soros, George (2008) *The New Paradigm for Financial Markets*

【参考文献】

堀内都喜子（2008）『フィンランド：豊かさのメソッド』集英社新書

Arthur, W. Brian (1994) *Increasing Returns and Path Dependence in the Economy*, University of Michigan Press（邦訳　有賀裕二訳（2003）『収益逓増と経路依存：複雑系の経済学』多賀出版）

Wolf, Martin (2004) *Why Globalization Works*, Yale University Press

なお、終章のエピローグ「七つの海・七つの空」の標題は、青池保子『エル・アルコン～鷹～』ならびに『七つの海七つの空』（共に秋田書店刊）より着想を得たことを付記しておく。

索引

あ
相対型間接金融　108
相対取引　76
アウト・ソーシング　38,73,74,87
アウト・ソーシング型オフショアリング　92
アーキテクチャ　70
アダム・スミス　36,66
アパレル　12-14
アパレル生産地　13
アルフレッド・マーシャル　37
安価な生産要素　61
安価な労働力　60
アンバンドリング　74-76

い
イタリアン・ファッション　13
一物一価の法則　76
一定の連結ルール　67
移転価格操作　15
イノヴェーション　55,85
イン・ソーシング　92
イン・ハウス　87,92
インターネット　8,45,46,49,64,100
インターフェース　69,72,83
インテル社　63
インドソフトウェア・サービス・コミュニケーション協会　94
インドのシリコンヴァレー　96
イン・ハウス型オフショアリング　92
インパナトーレ　13
インフォシス社　92
インフラ整備　112

う
ヴァーノン　59
ウォール・ストリート　116
ウォール街　132
ウォルマート社　51
運輸・通信事業　41

え
英米系TNCや金融機関　111
英米系投資銀行　103
英米系の法務サービス企業　102
NPO活動　49
エンリケ航海王子　1

お
オウル　128-131
オウル大学工学部　130,131
オウルの奇跡　132
大きな政府　114
オクスマン　130
オースチン　42
オタラ　131
オフィスの高層化　109
オフショア金融センター　31,112
オフショアリング　92-97
オプション　69,70
温州　14

か
カーリス・ボールドウィン　68
海外子会社　26
会計・監査業務　98
会計・監査サービス　97
会計・監査法人　98
会計基準の国際標準化　98
外資系企業　109
外注化　38,41,58,60,73
海底ケーブル　4
海底ケーブルネットワーク　5
外部委託　74
外部経済効果　36,55,118
外部経済性　87,109
外部性　38,109
外部の情報通信専門業者　74
開放系　119
海路ネットワーク帝国　3
海路のネットワーク　4

147

価格カルテル	101	技術的自立化	60
価格競争	59	技術の移転	55
価格競争力	54	規制	121
格差	134	規制緩和	8,9,40,74,90,107,112,133
格差拡大	126	規制の緩和	8,121
革新	58-61,64,82,85,90,117,133	規制の撤廃や緩和	8
影の金融システム	116	規制のレジーム(体制)	120
加工組立型製造業	25,38	規模に関する収穫逓増	37
貸し倒れ引当金	78	規模の経済性	
カジノ資本主義	84,114	25,35-37,39,51,53,54,59,61,73,74,90,98,102	
寡占化	98,99	基本ソフト	63
価値連鎖	117	キム・クラーク	68
各国政府や中央銀行	120,132	キャッシュ・フロー	76,95
合併ないしは買収(M&A)	90	業界内横断的	75
合併や買収(M&A)	74	供給業者	46,58,60,61,87
株式市場	108	供給システム	58
株式新規募集	45	供給条件	118
可変費用	36	供給チェーン	58,60
川上の企業間関係	66	共時性	121
川下の関係	66	共時的存在	122
為替管理	112	共振性	133
環境関連法務サービス	102	共振性の制御	133
環境への負荷	126	競争制限的行為	101
環境保護法	101	競争戦略論	117
観光関連法務サービス	102	競争優位性	54,55,58,61,114,117,118
間接金融	108	競争力イデオロギー	117-120
間接金融方式	9	業務プロセスの再編	75
間接部門	87	局地的労働市場	38
		巨大金融機関	134
き		巨大投資銀行	103,123,134
飢餓人口	16	近代工場制生産	37
基幹サービス業	110	近代の工場制生産	36
企業合併や企業買収	20,28,57,81,91	金融	73
企業間関係	73	金融イノヴェーション	83
企業内あるいは産業内貿易	101	金融革命	9,76,77,83,84,132
企業内関係	66	金融機関	108
企業内分業	65	金融危機	10,77,78,82,83,122,123
企業内法務実務者	102	金融技術	9
企業買収	45	金融機能	107,111
企業法務	87	金融機能不全	81
企業誘致	55	金融業	86,87
危険な妄想	118,119	金融業界の再編	75
基軸通貨	81,133	金融工学	75,76,79,80,82,83
技術革新	55,59,73,114,115,133	金融サービス	
技術革新基盤	114	65,73,74,76,81,88,95,97,105,108	

金融サービス業	73,74,103
金融サービス産業	132,133
金融サービス集積	108
金融市場	9,121
金融システムへの規制	116
金融資本	6,112
金融商品	80,86,94
金融センター	104,105,112
金融の変革	74
金融派生商品	9,75,78,80,82,83,121,132
金融バブルの崩壊	116
金融ビッグバン	9
金融モジュラー化	83
金融モジュラー化商品	83
金融や会計、法務のサービス	108
金融サービス	94
金利選好	74

く

空間	34
空間経済	36
空間経済学	34
空間経済システムの制御	133
空間経済モデル	34
空間経済論	33,118
空間的スケール	34
空間的分散	40
空間の圧縮	8
グーグル社	46,93
国の免責権	100
クラーク	69
クラスター	118
クラスター・モデル	118
クラスター概念	117,118
クラスター戦略	118
グリーバリゼーションの時代	134
クルーグマン	33-36,39,116,118-120,133,134
クレジット・デフォルト・スワップ	80
グローバリゼーション	1,4,6,7,10,13-17,19,20,26,32,40,45,47-49,63,77,114,126
グローバル・インバランス	29
グローバル・スタンダード	111
グローバル化	47
グローバル企業	15,47
グローバル資本主義	48
グローバル都市	107-112,122,125
グローバル都市化	133
グローバル都市機能	111
グローバルな無線ネットワーク	6
グローバルネットワーク	4

け

経済協力開発機構（OECD）	6
経済生活水準	118
経済地理学	33,34
経済地理学的分析	36
経済地理の再構築	16,17
経済特区	55
経済のサービス化	85
経済立地	33
海底ケーブル	5
経理	87
系列	38
系列化	38,73
系列下	54
系列型	58
経路依存性	36
研究開発	55-57,65,93,94,96
研究開発費	55,56,59
研究開発費用	56,57,73,101
原資産	75,80,82,83
現地法人	41,51,54,56-58,99,100

こ

コア・コンピタンス	120
工業地帯形成	37
鉱工業生産指数	23
後段階サービス	86
交通インフラ	110
交通通信インフラ事業	9
交通通信革命	40,125
交通通信技術革命	7
交通通信ネットワーク	4
工程間の分業	39
工程間分業	36
公的資金	81
後方部隊	87
互換性	42
顧客情報	95

149

国外現地法人の設立	107
国際競争力	114,116
国際協調	81,116,120
国際経済	34
国際経済学	33
国際商事仲裁	100
国際商事紛争	100
国際通貨基金	6,112
国際的競争力	118
国際標準化	111
国際復興開発銀行	6
国際分業	25,33,35,60,61,65,73,99,101,107
国際分業システム	61
国際分業体制	60
国際貿易	33-36
国際貿易論	33
国際連合	113
国内総生産	19,41
国内総生産額	126
極貧層人口	128
国連食糧農業機関（FAO）	16
コスモポリタンな文化	111
国家権力の退潮	114
国家主権	115
国家主権の制限	114
国家の機能	15
国家の退場	113-115,122
固定資本形成	26
固定費用	37
古典的貿易理論	35,46,88
国の競争優位	118
雇用創出	55
ゴールドマン・サックス社	91,116
コングロマリット企業	48
コンサルティング・サービス	98
コンピュータ	8

さ

在外資産総額	50
再開発	109
再帰性	121,122
再帰性のモデル	121
最終製品	60
再証券化	83
裁定取引	76
最適化モデル	121
財の貿易	22,41
最貧困	125
細分化	39
財務	87
財務情報	95
債務不履行	80
債務不履行化	82
サグレス岬	1,135
サスキア・サッセン	107
サッセン	107,108,113
サービシング	75
サービス	85
サービス業	85,86
サービス業務の国外委託	92
サービス産業	65
サービス事業	41
サービス投入	85-87,97
サービスの需要と供給におけるトランスナショナル化	88
サービスの投入	87,97
サービスの輸入	92
サービス貿易	23,24,41,85,88,92,93,95
サービス・リンクス	39-41,46,51,60,61,66,90
サブ・システム	67,69,70,72,94
サブ・システムにおける互換性や拡張性	68
サブ・ナショナルな組織	113,120
サブプライム・ローン	10,78,79,81
サブプライム・ローン債権	79
サブプライム・ローン問題	77-79,81,112
サプライ・チェーン	39,118
サブライン工程	72
サミット	115
産業インフラ	55
産業横断的	109
産業横断的特性	109
産業横断的な特性	108
産業革命	4
産業クラスター	131
産業資本	6
産業集積	36,55,56,61,87
産業集積間分業	39
産業集積内の外部性	58

項目	ページ
産業集積内分業(マーシャル型)	39
産業内貿易	35
産業の空洞化	118
産業の衰退化	118
産業立地	36
産地経済	12

し

項目	ページ
ジェネラル・エレクトリック社	50
資金	133
資金調達	108
資金の移動	15
資金の循環運動	29
自国内のアウト・ソーシング	92
自国内の社内分業(イン・ハウス／イン・ソーシング)	92
事実上の国際標準	111
市場化	7,8,76,121
市場化原理	6,111,112,115-117,120-123,132
市場化原理主義	48
市場型間接金融	108
市場原理	123
市場参入	41
市場主義	8,15
市場による裁定と決定	15
市場の失敗	15,36
市場の持つ調整機能	15
市場へのアクセス	53,54
シスコシステムズ社	93
システムの冗長性	5
システムの統合	69
実体経済	81
シティ・グループ	75,134
自動化	65
司法制度	98
資本市場	9,108
資本調達	46
資本提携	57
資本の自由化	6-8,40
シミュレーション(模擬実験)	65
ジャスト・イン・システム	44
自由化	74,107,133
10億人問題	16,17,123
集積効果や外部性	118
集積の効果	36
集積の利益	36,38,55
住宅金融公社	79,82
住宅バブル	79,81
住宅ローン	76-80
住宅ローン債権	79,80
住宅ローン債権(モーゲージ)	79
住宅ローン市場	78
住宅ローン融資	76
集団訴訟	102
自由貿易	117
情報産業	73
受注直販体制	46
純粋現地法人	57
商業資本	4,6
証券化	9,76
証券化	78-80,82,83,132
商標登録	58
商品化	82
情報技術	121
情報産業	74
情報装置産業化	74
情報通信革命	73,74,132
情報通信技術	46,90,134
情報通信技術(IT)	63
情報通信技術における革新	107
情報通信技術の革新	75,105
情報通信・コミュニケーション・サービス	98
情報ネットワーク・システム	5
情報の質	81,82
ジョージ・ソロス	48,120
植民地獲得競争	4
植民地経営	4
所得階層における二重構造	110
所得階層の二重構造化	110
所得格差	128
ジョン・リード	134
シリコンヴァレー	42,56,85,96,116,131
指令と管理の機能	108,110
新規参入	60
新規参入者	60
新興経済圏	46
新興経済諸国	19
人材の流動性	99

人事や給与	87
伸縮的専業化	13
人的資源	105,133
人的資本	98
信用格付け	82
信用収縮	78
信用膨張	120

す

垂直的トランスナショナル化	54,55,60,61
水平的トランスナショナル化	53
水平的なトランスナショナル化	54
スーザン・ストレンジ	84,114
ストレンジ	114-116
頭脳還流	96
スピル・オヴァー効果	38

せ

生産過程	65
生産工程の細分化	72
生産支援サービス	87
生産性	36
生産性の向上	119
生産組織	65
生産ネットワーク	39,41
生産費用	60
生産費用の低減	55
生産・物流システム	43,44,46,54,58,60
生産・物流ネットワーク	41
生産ライン・サービス	86
政治的交渉力	115
税制上の優遇措置	28,55
正のフィードバック	83,120,133
製品設計	73
製品の寿命	59
政府支援事業体	79,82
政府の再配分機能	115
政府の役割	113
税務サービス	98,102
製薬企業のトランスナショナル化	57
製薬産業	57,101
世界各国政府	80
世界共通の標準（スタンダード）	111
世界銀行	6,16
世界金融危機	10,15,48,99,133
世界経済地図	20
世界人口	123,126
世界的金融危機	29,77,81,82,112,114,120,132
世界的金融センター	104
世界的な金融危機	78,115
世界の10大会計・監査法人	98
世界の総人口	126
世界の貿易	4,20
世界標準	111
世界貿易	20,22,23,25,26,29,53
世界貿易機関（WTO）	92,101,112
世界貿易総額	26
石油メジャー	48
設計機能	65
設計思想	65
設計デザイン	65
設備投資	59,81
前段階サービス	86
専門的サービス業	110
戦略的提携	57,58

そ

相互依存性	6
総合金融グループ	75
総合商社	58
相互学習	60
相互に補完的	109
相互補完性	109
相互補完的	108
操作機能	121
装置産業	119
装置産業化	74
創発性	133
粗固定資本形成額	26
組織間の関係	65
粗資本形成	30
租税回避	14,15
租税回避地	31
ソロス	121,135

た

対外	29
対外資産残高	49
対外直接投資	20,28,29,31,90,114
対外直接投資額	28
大航海時代	2
対個人向けサービス	85,86
対個人向けサービス業	110
対事業所向け	86
対事業所向けサービス業	110
対内	29
対内総額と対外総額	20
対内直接投資	20,26–28,31
対内直接投資額	27
対内直接投資残高	30
第2次証券化商品	79
ダイヤモンド・モデル	118
大量生産	35,53,59,66
大量生産方式	13,37
大量販売	42
多国籍	49
多国籍企業	7,47,48,59,60
タックス・ヘブン	31,112
脱国籍化	110,111
脱国籍化している都市	111
脱税	15
多品種少量生産	13
ダボス会議	115
ダンピング	101

ち

地域経済を再編	118
地球環境問題	133
知的財産権	14,15,58,101,112
知的財産権の貿易側面に関する協定	101
知的財産権の保護	101
知的財産	58
知識集約型のサービス	98
中央銀行	80
中間財	35,38,40,60
中古住宅市場	79
仲裁条項	100
超国家的組織	113
徴税権	15,114
直接金融	108
直接金融方式	9
直接投資	9,19–21,25–29,31,32,35,41,49,55, 57,60,81,96,99,100,105,107,116
直接投資（FDI）	19,20,28,57
直接投資（対内総額と対外総額）	20
直接投資額	28
直接投資残高	26
直接販売	41
直販	42
直販方式	42
地理が消滅する時代	134
地理的集中	97,103
地理的立地	34
地理の共時的世界	134
陳腐化	56

つ

通貨管理	114
通貨危機	77,125
通信インフラ	110
通信サービス	88
通信事業	90
通信手順（プロトコル）	64

て

帝国主義・植民地主義	6
帝国主義・植民地主義的な貿易構造	25
帝国主義・植民地主義の時代	114
敵対的買収事件	91
テクノポリス	131
テクノポリス構想	131,132
テコの原理	123
デザイン・ルール	68,69,83
デザイン過程	69
デジタル化	61,63–66,83,94
「デジタル化」革命	66
デファクト・スタンダード	111
デフォルト	79
デフォルト（債務不履行）	80
デリバティブ	80,83
デリバティブ（金融派生商品）	75
デル社	42–46
デルコンピューター社	41,47,48,68
テレコミュニケーション	90
テレコム	90,91,95

テレコム・サービス	100
テレコム社	91
電子商取引	100
電信電話事業	41
伝播	82

と

ドイツ郵便	89,90
同一企業内の貿易	35
同一産業内の貿易	35
同一産業内部	53
同一TNC	53
投機的運用	82
投機的な資金運用	76
投機的ファンド	114
東京への集中化	109
投資	20
投資銀行	9
投資銀行	76,104,132
投資の自由化	7
投資ファンド	76,79,125
独自のスキルや知識	61
独占競争戦略	58
独占禁止法	100
都市開発バブル	125
都市スラム	16,125,133
都市スラム人口	125
都市ネットワーク	107
トスカーナ	11–13
トスカーナ地方	10
特許	58
特許権	101,104
トヨタ自動車	51
トランスナショナル	49,51,78,90,93,98,111
―化	31,32,41,47,49,51,53–57,60,73,74,76,77,85,88,90,91,94,97–100,102,105,112,114–116,123–126,128,132–134
―化軸	56
―化する世界	17,49,77,83,133–135
―化を促す政治交渉力	115
―企業	41,47,49,104,113
―企業化	51
―業務	98
―金融資本	114
―金融ネットワーク	112
―経済	84,107,109,116
―経済体制	132
―資本	112,113,115
―度	31
―度指標	30,31,119
―な企業合併や企業買収	100
―な規制の体制化	134
―な機能	112
―な巨大金融機関	120
―な金融機関	83,108
―な金融センター	103
―な商事紛争	100
―な生産・物流システム	107
―な力	115
―な力の台頭	115
―な物流・通信システム	92
―な物流ネットワーク	90
―な分業	25
―な貿易取引額	53
―な法務サービス	100
―・プロフェッショナル・サービス	105
―法務サービス	99,101,103,105
―法務サービス企業	103
取引関係	73
取引コスト	76
ドル	19

な

内製化	39,41,87
内製化率	38

に

偽ブランド品	14,101
日本貿易交渉	54
人間―機械系	63
人間―機械―人間系	63
認知機能	121
認知機能と操作機能の干渉作用	121

ね

ネオ・リベラリズム	48
ねずみ講	82
ネットビジネス	49

ネットワーク	4,59,85
ネットワーク化	63,65,66,73
ネットワーク社会	64

の

ノキア	128
ノキア社	130,131
ノンバンク	75

は

ハイデラバード	92
ハイパー・マネー	73
ハイパー・モバイル・マネー	76
ハイパー・モビリティ	61,73,94
波及効果	110
派生商品	75
バック・オフィス機能	93
発明	82
パートナーシップ	98
パートナーとの連携	98
バブルの終焉	125
パラダイム	121
パラダイム転換	120
パワーハウス	98
バンガロール	56,92,93,95,96
半自律的なサブ・システム	67
半自律的なユニット	67
半導体技術	63

ひ

非営利組織	49,113
比較優位性	61
比較優位の原則	117
非国家的行為主体	113
ビジネスの取りまとめ役	98
ビジネスモデル	42,45,46,80,112,116,123,134
非政府系組織	49,113
1人当りの国内総生産額	127,128
非モジュラー的生産工程	72
100億人問題	123,126
標準化された、差別化されていない製品	60
標準化製品	55
標的市場	58
貧困	134
貧困化	124

ふ

ファニーメイ	79
フィンランド	128,129,131
付加価値総額	51
不確実性	73
複雑系に基づく空間経済モデル	133
複雑性	120
物流	31
物流システム	58
物流ネットワーク	41
不動産関連法務サービス	102
不動産担保証券	79,80,82
不当廉売(ダンピング)	101
負の外部性	109
負のフィードバック	83,120
部品納入業者	44
プラート	11-14
フラグメンテーション	33,39,40,42,46,51,53,54,60,61,65,66,72,73,90
フラグメンテーション・システム	45
ブランド	14,15,58,101
ブランド性	14
ブランド製品	14
ブランド品	14
不良債権化	78,79
フレディマック	79
ブレトンウッズ体制	6,132,133
プロダクト・サイクル理論	59,60
ブロック経済化	6
プロトコル	64
プロフェッショナル・サービス	84,85,97-99,108-110
プロフェッショナル・サービス業	109
分業	36-38,66
分業化	39
分業形態	66
分業システムの進化	39
分業の原理	36
分業論	36,66
分散化	58,69
分散型システム	69

へ

平均生産費用	37,53,54
平均費用	37
平均費用の低減	35
閉鎖系	119,120
ヘッジ・ファンド	9,76,120,132
ベンチャー企業	85
ベンチャー・キャピタル	104
ベンチャー・キャピタル・ファンド	45
ベンチャー・ビジネス	42
ヘンリー・フォード（Henry Ford）	37

ほ

貿易	19-26,29,31,32,53,60,105,107,116,132
貿易（輸出総額）	20
貿易赤字	81
貿易赤字国	29
貿易黒字国	29
貿易構造	25
貿易収支	24
貿易の構造	25
貿易の自由化	6-8
貿易の不均衡	117
貿易パターン	33
貿易不可能性	88
貿易理論	35,118
包括的リスク管理	75
法人税	55
法的制度	55
報復的措置	117
法務サービス	97
法務サービス	98-102,104
法務サービス企業	102
法務ビジネス	105
ポーター	117,118
ポーターの競争優位論	117
ボーダフォン社	91
ポートフォリオ投資	81
ポール・クルーグマン	33,34
ボールドウィン	69
保護貿易	117
本社機能	107-109
本社の立地の集中化	109

ま

マイクロソフト社	63,93,101
マイクロ・プロセッサ	63
マイケル・デル	42
マイケル・ポーター	117
マーシャル型	39
マッティ・オタラ	130
マッド・マネー	114
マネー・ゲーム	123
マンネスマン社	91

み

民営化	8,9,39,90,107,114

む

無形財	15
無敵艦隊	3,134

め

メインライン工程	72
メディア産業	109
メディア・PRサービス	98

も

モーゲージ	79
モーゲージ・バンク	79,80
モジュラー化	25,42,61,66-76,80,85,94,97
モジュール	42,67-72,75,83,94,97
モトローラ社	93
モラル・ハザード	81,82,132
モルガン・スタンレー社	91

ゆ

有価証券投資	57
郵政民営化	89
郵便事業	41
郵便・宅配事業	88,90
輸出競争力	116-119
輸出総額	20
輸送サービス	88
輸送費	72
ユハニ・オクスマン	130
ユーロ	19

よ
4大会計・監査法人	98,99

り
リスク	76,79,80
リスク管理	75,82
リスク計算と管理	82
リスク分散	56,58
リスク・ヘッジ	78,80,82
リスク・マネジメント	75
立地選択	58
流通マージン	42
旅行サービス	88
倫理性の欠如	81

れ
レバレッジ	76,79,82
レファレンス・システム	67

ろ
労働費用	31,55,60,72
労働力の移動	15
労働力の流動性	38

A
Accounting Audit Services	97
Adam Smith	36
Alfred Marshall	37
Arbitration Clauses	100

B
Baker & McKenzie	102
Business Consulting Services	98

C
CAD(Computer Assisted Design)	65
Carliss Baldwin	68
Casino Capitalism	84,114
CDS	80,82
Class Litigations	102
Clifford Chance	102
Closed System	119
Cluster	118
Command and Control	108
Competitive Advantages	117
Competitiveness	117
Computer Assisted Design	65
Consumer Services	85
Corporate Lawyers	102

D
Dangerous Obsession	118
de facto standard	111
Decentralize	69
Denationalization	110,111
Denationalized City	111
Derivatives	9,75
Diffusion	82
"Direct"戦略	42
downstream services	86
DPWN社	88-90,92

E
e-commerce	49
Economics of Agglomeration	38
Economics of Scale	37
Externality	38

F
FAO	16
FDI	19,20,28,57
Financial Services	97
FIRE	109
Flexible Specialization	13
Ford 社	56
Foreign Direct Investment	20
Fragmentation	39

G
GDP	19,20,22,26,28,31,105
GDP 総額	20,26
GE	50
GE 社	50,51,93
General Electric	50
George Soros	48,120
Global City	107
GM 社	54,56
Gross fixed capital formation	26

H
Hedge Funds	9
Henry Ford	37

I
IBM 社	68
IBM	95
ICA	100
IMF	6,112,113
Increasing Returns to Scale	37
Inflow FDI（対内直接投資）	20
Infosys	92
In House	87
Innovation	58,59,82
Intellectual Property Rights	58,101
International Commercial Arbitration	100
International Monetary Fund	6
Intra Firm Trade	35
Intra Industry Trade	35
Intradability	88
Invention	82
Investment Banks	9
IPR	58,101
IT	63

IT and Communication Services	98
IT 革命	131
IT 関連企業	96,105
IT 産業	131
IT 投資	74
IT バブル	96,116
IT ベンダ	74

J
John Reed	134
Juhani Oksman	130
Just in System	44

K
Kim Clark	68

L
Legal Services	97
Long Term Capital Management	77
LTCM 社	77

M
M&A	20,28,57,74,90,91,102
Mad Money	114
Matti Otala	130
MBS	79
Media and Public Relations Services	98
Merchandization	82
Michael Dell	42
Michael Porter	117
MNEs	7,47
Module	67
Mortgage Backed Securities	79
Multinational Enterprises	7,47

N
NASSCOM	94
NGO	49,113
Non-Govermental Organizations	49,113
Non-Profit Organizations	49,113
Non-State-Actors	113
NPO	49,113,115

O
OECD	6,7

Off shoring	92
onstream parallel	87
onstream services	86
Open System	119
Operating System	63
OS	63
Out Sourcing	38,87
Outflow FDI（対外直接投資）	20

P

Portfolio Investments	57
Power House	98
Prato	11
Producer Services	86
Produt Life Cycle	59
Proprietary Knowledge	61

R

Redundancy	5
Reflexivity	121
R&D 化軸	56
R. Vernon	59

S

Saskia Sassen	107
Securitization	9,76
Service Links	40
Shadow Banking System	116
Standard of Living	118
Stanndardized, Non-Differentiated Products	60
Strategic Alliances	57
Sub-national Organization	113
Suply Chain	39

Supra-national Organizations	113
Susan Strange	84,114

T

Tax Evasion	15
Tax Planning Services	98
Telecoms	90
The Retreat of the State	114
TNC	47,49,51,56,58,60,61,91,93,94,96, 100-103,108-111,113-115,117,118,120
TNC の本社	110
Trade Marks	58
Transfer Pricing Manipulation	15
transnational	49
Transnational Business Disputes	100
Transnational Corporations	47
Transnational Deal Makers	98
Transnationality Index	30
Transntional Corporations	49
TRIPS 協定	101

U

Unbandling	75
United Nations	113
upstream services	86

V

Value Chain	117

W

Wal-Mart Stores	51
World Bank	6
WTO	92,101,112,113

■著者紹介

杉浦章介（すぎうら　のりゆき）
　　慶應義塾大学経済学部教授（Ph. D.）
　　専門：経済地理学、都市・地域論、アメリカ研究

トランスナショナル化する世界 ── 経済地理学の視点から

2009 年 5 月 15 日　初版第 1 刷発行
2010 年 8 月 30 日　初版第 2 刷発行

著　者 ─── 杉浦章介
発行者 ─── 坂上　弘
発行所 ─── 慶應義塾大学出版会株式会社
　　　　　　〒108-8346　東京都港区三田 2-19-30
　　　　　　TEL〔編集部〕03-3451-0931
　　　　　　　　〔営業部〕03-3451-3584〈ご注文〉
　　　　　　　　　〃　　　03-3451-6926
　　　　　　FAX〔営業部〕03-3451-3122
　　　　　　振替 00190-8-155497
　　　　　　URL http://www.keio-up.co.jp/

装丁・造本 ── 桂川　潤
印刷・製本 ── 株式会社加藤文明社

Ⓒ2009　Noriyuki Sugiura
Printed in Japan　　ISBN 978-4-7664-1619-0